GED® en español de la Maestra Ximena

MÓDULO GRAMÁTICA

(PREPARACIÓN PARA EL EXAMEN RAZONAMIENTO A TRAVÉS DE LAS ARTES DEL LENGUAJE DE GED®)

LIBRO DE EJERCICIOS

(Incluye modificaciones 2016)

NIVEL 4

Textos y metodología
Ximena Thurman
Artista Visual
Carolina Cornejo

Publicado por

ISBN: 9781981036325

Editor
Antártica Academy
AntarticAcademy@gmail.com
www.gedfacil.com
info@gedfacil.com
1-720-982-0428

Ilustración: Carolina Cornejo
©Derechos Reservados

Si has adquirido este libro y aún no te has registrado para ninguna clase,

anda al final del libro para reclamar tu bono.

Tabla de Contenidos

I.- Dedicatoria

Para los valientes del GED que han logrado escalar la primera montaña de este imperio educativo.

Nos vemos en un click ...

Maestra Ximena

II.- Carta de la Maestra Ximena

¡Excelente! Ya hemos llegado al último nivel del Módulo de Gramática, en donde aprenderás a leer comprensivamente. Este nivel no solo te enseñará a leer para tomar el examen de Gramática, sino que te servirá para todos los demás exámenes. Además, la lectura es una herramienta imprescindible en la vida diaria, ya sea que quieras investigar un tema, leer un periódico, votar sobre un proyecto de ley o hacer algún cálculo matemático.

Contiene 19 lecciones, 17 videos de lecciones, 4 videos de recapitulación, quizzes en cada video, autoevaluaciones en cada lección para que midas tu progreso, tarjetas relámpagos (flash cards), juegos en cada lección para que tu proceso de aprendizaje sea más rápido y, por supuesto, los ejercicios que presentamos en este libro para reforzar tu aprendizaje. Como siempre, habrá un video introductorio y al final los videos de recapitulación.

Notarás que muchos de los términos ya los conoces porque los tratamos en los niveles anteriores y es lógico, porque la lectura es el proceso inverso a la escritura. Antes, lo que hacías era escribir tu propio texto, ahora lo que harás es leer un texto que otros escribieron. Así como aprendiste a organizar tu ensayo, a trabajar con la IP, crear tus IS y estructurar una conclusión, ahora las encontrarás en otros escritos.

No se te olvide que en cada nivel debes leer al menos un libro ...y sin más preámbulos, nos vamos a leer.

"Sabemos que tú no puedes sol@ (por eso estoy aquí), pero tampoco nadie puede hacerlo por ti."

Ximena Thurman, BSc. MBA (c)
Fundadora de Antártica Academy [TM]
Creadora del curso en línea www.gedfacil.com

III.- Simbología

1.- Buscar pistas: Este símbolo indica las **palabras claves** que se deben buscar en el texto para entender la lectura o lo que se está preguntando.

2.- Compartir: Este símbolo indica que debes **detener tu lectura aquí y contarle a tu compañero** lo que está leyendo, ya sea parafraseando o haciendo un resumen de lo leído. Con ello mejorarás tu retención.

3.- Consejo: Coloca especial atención a este símbolo porque te entrega algún **importante mensaje** de cómo mejorar tu proceso de aprendizaje o reglas importantes que deberás memorizar.

4.- Ejercicios: Este símbolo indica que vienen una serie de ejercicios para poder practicar el tema que se está trabajando y dominarlo, eventualmente.

5.- Herramienta: Indica que estamos incorporando una herramienta de ayuda.

6.- Información Adicional: Si deseas ahondar más sobre el tema puedes recurrir a este **enlace (link)** donde encontrarás el tópico desarrollado en mayor profundidad.

7.- Para reflexionar: Proverbios o frases célebres que nos harán pensar sobre lo que estamos tratando o nos servirán de motivación.

8.- Repetir en voz alta: Para retener el concepto o aprendizaje, se recomienda detener aquí la lectura y repetir en voz alta lo que se acaba de leer ya sea a ti mismo o a tus amigos.

9.- Revisar Formulario: Indica que para este tipo de ejercicios se incorpora en el examen una **lista de fórmulas** necesarias para su resolución. Se recomienda utilizarlo habitualmente para familiarizarse con los conceptos, las abreviaciones, su utilidad y la ubicación dentro del formulario.

10.- Recordatorio: Indica algún elemento o concepto que no puedes olvidar.

11.- Video: Este símbolo señala que existe un video donde se explica el tema y que se puede accesar a través de la página web www.gedfacil.com

12.- Juegos: Este símbolo indica que se incorporan juegos, rimas o cantos para que se te haga más fácil el aprendizaje.

13.- Tarjetas Relámpagos: Este símbolo indica que revises las tarjetas relámpagos de la lección.

14.- Juegos digitales: Este símbolo indica que revises los juegos digitales de la lección.

IV.- Objetivo del Nivel

Aprender a leer comprensivamente.

V.- Lecciones del Nivel

Lección 0: Introducción al Nivel 4.
Lección 1: Cómo leer comprensivamente.
Lección 2: 7 Consejos para una lectura productiva.
Lección 3: Típicas preguntas de prueba del GED.
Lección 4: Cómo encontrar la idea principal de un texto.
Lección 5: Cómo identificar las ideas secundarias.
Lección 6: Determinar cómo está organizado un texto
    (Parte 1: Orden cronológico).
Lección 7: Determinar cómo está organizado un texto
    (Parte 2: Orden según el procedimiento).
Lección 8: Determinar cómo está organizado un texto
    (Parte 3: Orden de importancia).
Lección 9: Determinar cómo está organizado un texto
    (Parte 4: Orden según posición del autor).
Lección 10: Cómo distinguir un hecho.
Lección 11: Cómo identificar la opinión del autor.
Lección 12: Cómo comparar y contrastar.
Lección 13: Cómo encontrar la relación causa-efecto.
Lección 14: Cómo inferir conclusiones.
Lección 15: Cómo hacer una lectura crítica.
Lección 16: Literatura - Poesía.
Lección 17: Literatura - Fábula.
Lección 18: Revisando otros géneros literarios.
Lección 19: Videos de recapitulación.

Al término de este nivel el/la alumn@ será capaz de entender lo que lee, analizar textos de estudios, textos de no-ficción y textos de ficción. Además, será capaz de hacer una lectura crítica.

Lección 0: Video introductorio al Nivel 4

Tiempo: 3'20"

Esta lección presenta una introducción al Nivel 4 (y último) del Módulo de Gramática.

El que lee mucho y anda mucho, ve mucho y sabe mucho.
Miguel de Cervantes y Saavedra
(Español, autor de El Quijote de la Mancha)

Lección 1: Cómo leer comprensivamente

Tiempo: 11'26"

Para comenzar a hacer estos ejercicios deberás ver previamente el video.

Autoevaluación

1.- De acuerdo al video ¿qué es una "Lectura Comprensiva"?
a) Entender qué se está leyendo
b) Entender de qué trata la lectura
c) Entender qué sentido le está dando el autor
d) Todas las anteriores

2.- ¿Qué tipo de textos tendremos que leer en el examen de Gramática?

3.- ¿Por qué es importante conocer bastantes palabras?

4- De acuerdo al video, ¿cuáles son las dos cosas que solemos hacer al leer un texto y encontramos una palabra que desconocemos?

5.-¿Cuál es la desventaja de saltar una palabra al leer?

6.-¿Cuál es la desventaja si recurrimos al diccionario?

7.- Lorraine Fleming plantea que hay 4 categorías de pista para hacer una lectura comprensiva y veloz ¿cuáles son ellas?

1.-
2.-
3.-
4.-

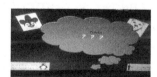

Pistas para la lectura comprensiva

Ahora, trabajaremos con las 4 categorías de pistas dadas por Fleming para hacer una lectura comprensiva sin necesidad de recurrir al diccionario.

1.- Ejemplos

En esta sección trabajaremos con ejemplos: Extrae los ejemplos que da el autor en este texto e indica qué idea del autor está siendo apoyada con cada ejemplo:

Ejercicio #1

La verdadera "princesa del pueblo".

Desde el inicio de la relación con el príncipe, Lady Diana Spencer despertó un gran interés para la prensa. Algunos historiadores comparan la 'fiebre Diana' con el fenómeno Beatles. Cada uno de sus actos, cambios de vestido o peinado, eran objeto directo de la prensa y el público admiraba su calidez y humanidad, muy distintos del carácter de la casa real británica.

IDEA:

EJEMPLO:

Ejercicio #2

El primer hijo de Diana y Carlos (príncipes de Gales), Guillermo, nació en 1982; y el segundo, Enrique, dos años más tarde. La corona británica logra así asegurar la continuidad de la dinastía familiar con la descendencia del príncipe Carlos.

IDEA:

EJEMPLO:

Ejercicio #3

Los príncipes de Gales se separaron oficialmente en agosto de 1996, un año antes de su muerte. La vida de Lady Di desató las pasiones de la población inglesa y su vida pública, sujeta a tensiones con la casa real en los últimos años han provocado que su muerte sea el centro de muchas teorías conspiratorias. El principal artífice de estas teorías fue el padre de su pareja, un multimillonario egipcio, Mohammed Al-Fayed.

Los rumores de que Lady Diana estaba embarazada, con el supuesto disgusto que supondría para la conservadora familia real el nacimiento de un niño musulmán en el seno de la corona, es el dato en torno al cual se centró la hipótesis de Al-Fayed.

En cualquier caso, tras su muerte, Diana fue rápidamente embalsamada, con lo que nunca pudo conocerse si realmente estaba embarazada. Además, otros detalles sospechosos rodearon el accidente de tráfico del que fue víctima, como que ninguna cámara de seguridad grabó el momento fatal (a pesar de producirse en un túnel de París muy céntrico).

IDEA:

EJEMPLO:

Fuente de información:extracto de
https://www.muyhistoria.es/contemporanea

2.- Contrastes

En esta sección trabajaremos la siguiente técnica de Fleming, "el contraste": Extrae los contrastes que da el autor en este texto e indica qué idea del autor está siendo apoyada con cada contraste.

Ejercicio #1

Wikipedia es una enciclopedia, es decir, es un texto que busca compendiar el conocimiento. Pero cuenta con muchos rasgos que no están presentes en las enciclopedias corrientes. Entre ellas, los artículos se editan en comunidad, el material evoluciona constantemente, la diversidad de temas es inmensa y no posee un plan de trabajo prefijado.

Ello, junto a la variedad histórica de contenidos que se han publicado bajo el nombre de «enciclopedia», hace a veces difícil determinar exactamente qué material es adecuado para ella. Esta política explica ciertas reglas claras acerca de qué material no es apropiado en Wikipedia.

Los artículos de Wikipedia deben comenzar, generalmente, con una buena definición No está obligada a recoger las expresiones coloquiales de un lugar. Sin embargo, dependiendo del contexto del artículo enciclopédico, puede ser importante que se describa cómo una palabra es utilizada para distinguir entre ideas similares y fácilmente confundibles. Wikipedia no es un diccionario o una guía de usos y jergas. Tampoco es de papel y, por ende, puede tratar los temas con mayor profundidad y extensión que un papel impreso.

IDEA:

CONTRASTE:

Ejercicio #2

Cada información presente en los artículos de Wikipedia debe proceder de fuentes de buena reputación, independientes del tema del que trata la información. Asegúrate de que la información es fiable y verificable. Por ejemplo, citar un libro, un medio impreso u otro recurso en línea fiable demuestra que el material es verificable y no es simplemente la opinión del editor. Wikipedia no es un lugar para publicar tus propios pensamientos o análisis.

IDEA:

CONTRASTES:

Ejercicio #3

Wikipedia debe compilar el conocimiento humano, no ser un vehículo para convertir las opiniones personales en parte del conocimiento humano. Wikipedia no es un lugar para defensas de ideas, proselitismos, propaganda o publicidad. Por tanto, los artículos de Wikipedia puede informar objetivamente sobre lo que las distintas partes implicadas en un asunto dicen, siempre y cuando se haga desde un punto de vista neutral. Mientras que Wikipedia contiene descripciones de personas, lugares y cosas, los artículos deben omitir instrucciones, sugerencias o manuales. Esto incluye tutoriales, guías de videojuegos y recetas de cocina. Pese a contener enlaces a otros artículos y páginas de proyectos relacionados, los artículos de Wikipedia tienen una estructura cuyo objetivo es informar, no enseñar al lector una materia o tema concreto. Por ello, no deben incluirse ejercicios, estructuras en temarios o similares. Wikipedia no es una bola de cristal, esto quiere decir que no es una colección de especulaciones sin verificar. Todos los artículos sobre eventos futuros deben ser verificables y la importancia del tema lo suficientemente amplia para merecer un artículo de igual modo que un tema ya pasado.

Fuente de información: Extracto del artículo: *Lo que Wikipedia no es*
https://es.wikipedia.org/wiki/Wikipedia:Lo_que_Wikipedia_no_es (El texto se ha compilado solo con fines didácticos)

IDEAS:

CONTRASTES:

Aprender a leer es lo más importante que me ha pasado en la vida.
Mario Vargas Llosa (Escritor peruano)

3.- Redeclaración

En esta sección trabajaremos esta técnica de Fleming. Extrae las redeclaraciones que da el autor en este texto e indica qué idea del autor está siendo redeclarada.

Ejemplo:

Si hacemos caso a Elon Musk, el visionario magnate que fundó PayPal, la compañía de vehículos eléctricos y baterías Tesla o la corporación espacial privada SpaceX, la humanidad se enfrenta a una nueva y formidable amenaza: la Inteligencia Artificial (IA). "Es como esas historias en las que alguien convoca al demonio. Siempre hay un tipo con un pentáculo y agua bendita convencido de que así podrá controlarle, y claro, no funciona", señala.

Su preocupación tiene mucho que ver con el dinero. Los pesos pesados del sector tecnológico están apostando fuerte en este sentido. Google, por ejemplo, adquirió el año pasado DeepMind, una empresa especializada en el desarrollo de redes neuronales en la que ya había invertido Musk. El gigante de las búsquedas trabaja en un sistema informático capaz de distinguir en un vídeo una cara humana de la de un perro, gente patinando o durmiendo, un gato... Y todo por sí solo y sin que nadie haya puesto etiquetas en el archivo previamente.

La idea es que vaya aprendiendo, por así decirlo, tras alimentarse con millones de grabaciones. IBM, por su parte, afina su superordenador Watson, que en 2011 derrotó a los campeones humanos del concurso estadounidense de preguntas y respuestas Jeopardy! Su intención es mejorar las funciones cognitivas del ingenio y comprobar sus capacidades para realizar diagnósticos médicos, análisis de la personalidad y traducciones en tiempo real. Los ingenieros de Facebook no se quedan atrás y han ideado un algoritmo que permite reconocer un rostro con éxito el 97% de las veces, aunque haya sido mal captado.

Musk asegura que las cosas van demasiado rápido, y que por eso la IA es una tecnología que puede resultar tan peligrosa como los maletines nucleares. En el coro de los agoreros del apocalipsis artificial destaca la voz del filósofo británico Nick Bostrom, de la Universidad de Oxford, que compara nuestro destino con el de los caballos, cuando fueron sustituidos por los automóviles y los tractores. En 1915, había en EE.UU. unos veintiséis millones de estos equinos. En la década de los cincuenta, quedaban solo dos millones. Los caballos fueron sacrificados para venderse como comida para perros. Para Bostrom, la IA supone un riesgo existencial para la humanidad comparable con el impacto de un gran asteroide o el holocausto nuclear. Todo ello, por supuesto, siempre que podamos construir ordenadores pensantes.

IDEA:

La humanidad se enfrenta a una nueva y formidable amenaza: la Inteligencia Artificial (IA).

REDECLARACIÓN:

Musk asegura que las cosas van demasiado rápido, y que por eso la IA es una tecnología que puede resultar tan peligrosa como los maletines nucleares.

Para Bostrom, la IA supone un riesgo existencial para la humanidad comparable con el impacto de un gran asteroide o el holocausto nuclear.

Ejercicio #1

La IA causa furor gracias a la literatura y al cine. Pero ¿cuál es el grado real de progreso? Hace más de quince años, estuve en el Instituto de Robótica de Pittsburgh, en EE.UU., uno de los templos de esta disciplina. Por entonces, formaba parte de un equipo de TVE que recogía los últimos avances tecnocientíficos en una serie de divulgación llamada 2.Mil. Tengo que reconocerlo: me llevé un chasco morrocotudo por culpa de la imagen de la robótica que nos ha inculcado la ciencia ficción.

Los aparatos que tenían allí eran poco más que cacharros en manos de ingenieros en vaqueros, y parecían salidos de un garaje de frikis. Se averiaban a la menor ocasión. Me hablaron de Florence, una enfermera robot que iba a revolucionar la geriatría (...). Había leído muchas cosas sobre lo que hacían en Pittsburgh, especialmente de Xavier, un robot que sabía por dónde iba, toda una revolución (...). Acudí a la oficina de Hans Moravec, uno de los visionarios más famosos, pero todo lo que decía resultaba difícil de creer.

Moravec estaba convencido de que en cincuenta años los androides desplazarían a los humanos. Durante más de una hora estuvo hablando sin parar sobre la evolución de estos dispositivos y su creciente inteligencia, gracias al avance de los microprocesadores y su capacidad de manejar cada vez más información. Fue una charla cautivadora. La evolución de las máquinas iba a ser imparable. "Ha llegado la hora de que nos marchemos", concluía este científico nacido en Austria.

IDEA:

Redeclaraciones:

Ejercicio #2

El mundo está literalmente invadido por cantidades inconcebibles de información, que circula por la Red, y la capacidad de computación aumenta sin cesar. Pero ¿de verdad tenemos razones para temer que una máquina llegue algún día a pensar como nosotros?

Ramón López de Mantarás, director del Instituto de Investigación en Inteligencia Artificial del CSIC, es uno de los más reconocidos expertos españoles en robótica e IA. "No", responde a MUY INTERESANTE. Y añade: "No sé qué pasará dentro de cientos de años, pero todo este tema del que se habla, la singularidad, la trascendencia, que habrá máquinas con consciencia y cualidades mejoradas con respecto a la inteligencia humana en cuestión de treinta o cuarenta años no tiene sentido... Nunca he visto un argumento científico que lo apoye".

El punto de vista de López de Mantarás encaja con lo que sentí hace quince años, en mi frustrante visita a Pittsburgh. El mundo ha cambiado mucho desde entonces, pero lo cierto es que aún no se vislumbran las máquinas que acabarán siendo conscientes de sí mismas para desencadenar la catástrofe, como ocurre en las películas de la saga Terminator. Discrepa así de gurús como el futurólogo Raymond Kurzweil, que hoy trabaja en la división de Ingeniería de Google. Al igual que Moravec, este está convencido de que durante este siglo los robots serán capaces de pasar el citado test de Turing, incluso antes de 2029. Pues bien, no sería la primera vez que se cumple una de sus predicciones.

A finales de los 80, Kurzweil aseguró que hacia 1998 un ordenador ganaría a un campeón mundial de ajedrez: ocurrió en 1996, cuando Gari Kasparov perdió una partida contra el programa informático de IBM Deep Blue. En esos años, también imaginó que internet, por entonces una red relegada a instituciones académicas, se extendería por el mundo. Ahora afirma que en 2045 las computadoras serán mucho más potentes que todos los cerebros humanos de la Tierra juntos. Cuando habla, los medios caen rendidos ante ese mundo artificial. "Es una persona muy mediática", concede López de Mantarás. "Pero detrás no hay nada científico".

Marvin Minsky, cofundador del Laboratorio de Inteligencia Artificial del Instituto Tecnológico de Massachusetts (MIT), galardonado el año pasado por la Fundación BBVA, sí cree que se desarrollarán máquinas tan inteligentes como los humanos. "No obstante, el tiempo que esto lleve dependerá de si se trabaja en los problemas adecuados y del dinero", manifiesta Minsky. "Es un enfant terrible", asegura López de Mantarás, que estuvo en el congreso que el MIT celebró recientemente en su honor.

"Minsky piensa que los grandes avances en este campo se realizaron entre los 60 y los 80, y luego se abandonaron todas las ideas con respecto a la IA en su sentido general". Así, lo que habría quedado en el panorama actual es la especialización, máquinas que son extraordinarias jugando al ajedrez, pero que no saben nada de las damas o el parchís. "Las IA especializadas son un buen negocio, y estoy a favor de ellas. Faltaría más. Es lo que es realmente la inteligencia artificial hoy en día", indica López de Mantarás.

IDEA:

Redeclaraciones:

Ejercicio #3

La investigación generalista en IA está desapareciendo. En este mundo inundado de datos, esta tecnología es completamente distinta. El coche autónomo de Google o el superordenador Watson de IBM analizan terabytes de información para tomar decisiones correctas. Sin embargo, no saben explicar cómo han llegado a ellas. En otras palabras, cuando el sistema escupe su respuesta, es incapaz de responder a esta pregunta: ¿y eso por qué? "Hemos renunciado al porqué y nos hemos quedado con el qué", lamenta Pérez de Mantarás.

Fijémonos en la película *Yo, robot* (Alex Proyas, 2004): las calles están plagadas de humanoides que llevan la compra, sirven copas, reparten perritos calientes... Si nos olvidamos por un momento de la fantástica agilidad que demuestran y la inteligencia general que atesoran, ¿qué nos quedaría? Está claro: un ejército de especialistas.

Extracto del artículo de Luis Miguel Ariza. Revista Muy Interesante.Mayo 2017.

IDEA:

Redeclaraciones:

4.- Conocimiento general

Utiliza tu conocimiento general para indicar qué quiere decir el autor con la palabra subrayada y/o que te permita contestar las preguntas de aquí abajo.

Ejercicio #1

Conoció la guitarra desde niño, probablemente en la localidad de Villacarrillo (Jaén), próxima a la ciudad de **Linares**, donde nació pero que abandonó muy pronto y a la que no regresó hasta la década del '50. Fue bautizado en Jaén y a una edad indeterminada se trasladó a Villacarrillo. Posteriormente, marchó a estudiar guitarra a **Granada.** Es posible, si bien esto no puede afirmarse con seguridad a falta de más datos, que su primera incursión en el mundo de la guitarra viniera de la mano del **flamenco**. Sin embargo, muy pronto, desde su temprana adolescencia, optó por explorar otras posibilidades por formarse como **autodidacta** en la tradición de la guitarra.

Realizó su primera aparición pública en Granada a los catorce años y, con pocos más, ofreció en la capital su primer concierto, en el que interpretó, entre otras piezas, transcripciones para guitarra de Francisco Tárrega.

Sabiendo que los concertistas de piano en ocasiones alquilan el instrumento, y deseoso de encontrar un instrumento que se ajustara a sus propósitos, para dar un concierto acudió al establecimiento del constructor de guitarras Manuel Ramírez, con intención de proponerle al dueño que le alquilara un instrumento. Después de probarlo y de ensayar durante un tiempo la música que había preparado para el recital, el asombrado Ramírez le rogó que aceptara la guitarra elegida a modo de obsequio.

Segovia continuó con sus estudios de guitarra durante toda su vida, aún a pesar de aquellos que trataron de disuadirlo por no confiar en el futuro de dicho instrumento para la música clásica.

Fueron muchos los músicos que creyeron que la guitarra de Segovia no sería aceptada por la comunidad clásica ya que, según sus creencias, la guitarra no se podía considerar como un instrumento capaz de interpretar a los clásicos. Sin embargo, la técnica de Andrés Segovia asombró al público. A partir de entonces, la guitarra dejó de considerarse un instrumento meramente popular y se aceptó también como instrumento de concierto. Andrés Segovia no solo fue el guitarrista clásico más famoso de todos los tiempos, sino que literalmente inventó el género. Antes de su guitarra, esta era un humilde instrumento de campesinos. Andrés Segovia empezó a interpretar en guitarra piezas de Bach y otras obras de música clásica (escribiendo él mismo muchas de las transcripciones) y, finalmente, elevó esta actividad "de salón" a un estilo de categoría mundial. Su increíble carrera interpretativa duró más de 60 años.

A la vez que progresaba en su carrera y ofrecía recitales para audiencias cada vez mayores, descubrió que las guitarras existentes no producían el volumen suficiente como para llegar al público en grandes salas de conciertos. Esto le animó a buscar entre los avances tecnológicos para intentar mejorar la amplificación natural de la guitarra. Trabajando conjuntamente con los fabricantes, ayudó a diseñar lo que conocemos hoy en día como guitarra clásica, realizada con una madera de más calidad y con cuerda de nailon. La forma de la guitarra se modificó también para mejorar la acústica.

Realizó aportes a la técnica del instrumento, como mantener el pulgar de la mano izquierda bajo el mástil en lugar de doblarlo alrededor del mismo, ya que con ello se lograba extender el alcance de los otros cuatro dedos y se podía pisar cualquier cuerda sin sondear las inferiores a ella. Otras aportaciones significativas fueron tañer las cuerdas, a la vez, con la uña y la yema de los dedos de la mano derecha y colocar esta en posición vertical con respecto a las cuerdas, con lo que se incrementa la fuerza al tocarlas y como resultado se incrementa el volumen de la guitarra que es un instrumento un poco limitado en este aspecto.

Tras realizar sus primeras giras mundiales en Europa y América en la década de 1920, autores como el británico Cyril Scott, el italiano Mario Castelnuevo-Tedesco, el brasileño Heitor Villa-Lobos y el español Federico Moweno Torroba empezaron a componer piezas especialmente para él; asimismo, el compositor mexicano Manuel M. Ponce realizó una copiosa producción de obras para solo de guitarra y orquesta dedicadas a este insigne guitarrista. Segovia transcribió también muchas piezas clásicas, incluido el repertorio **vihuelístico** del Renacimiento y el repertorio laudístico del **Barroco.**

Desatada la **cruenta** Guerra Civil, Segovia decide abandonar su tierra natal y fijar su residencia en Montevideo, entre 1937 y 1946. Posteriormente residió en New York y, a comienzos de la década de 1950, regresó a su país donde reside hasta su fallecimiento en 1987.

1.- De acuerdo a los datos entregados en el texto y en base a tus conocimientos generales, ¿de dónde procedía Andrés Segovia?
a) México
b) Uruguay
c) Argentina
d) España

2.- ¿Qué quiere decir el término **autodidacta ?**

3.- ¿Qué podrías deducir con respecto al término **vihuelístico**?
a) Se refiere a la viruela.
b) Se refiere a piezas musicales de instrumentos de cuerda.
c) Se refiere al vino utilizado en las ceremonias donde había música.

4.- ¿Qué quiere decir el término **Barroco**?
a) Hecho de barro.
b) Dícese de un movimiento artístico.
c) Sucio, escabroso.

5.- ¿Qué quiere decir el término **cruenta**?
a) sangrienta
b) valerosa
c) famosa

Ejercicio #2

La fuerza de voluntad es genial porque nada se mueve sin tu voluntad. Pero la Biblia dice que nada se mueve sin la voluntad divina. Si la ponemos en marcha van a ocurrir cosas y si no la ponemos en marcha no pasa nada. ¿Sabes la fuerza de voluntad que se requiere para no hacer nada? ¿Sabes la fuerza de voluntad que tenemos que tener para ser depresivos? ¿O para ser drogadictos? **La fuerza de voluntad funciona al cien por ciento**. La fuerza de voluntad nos hace ser felices o infelices. La fuerza de voluntad está al servicio de la forma de tu mente. ¿Sabes la fuerza de voluntad que debes tener para estar con alguien que te trata mal? La fuerza de voluntad está al servicio de tu mente, para que hagas lo que quieras ser y hacer. Depende de ti si la utilizas para hacer el bien o el mal. Para ser feliz o desdichado. Para ser deportista o un holgazán. Tu mente siempre va a elegir algo que conoce. Si tu mente no tiene una opción conocida, no la va a elegir. Tu mente nunca elegirá una forma de vida que tú desconoces. Las culpas, los cargos de conciencia eran inculcados por la sociedad, por la educación y tu mente los tiene guardado. Lo aprendimos y lo repetimos. No es **genético** sino que lo aprendimos cuando pequeños. Es una especie de **reflejo condicionado**. Asociamos una idea a un sentimiento y así actuamos. Los castigos están relacionados con un comportamiento. La mente resuelve los problemas según los recursos que tiene guardado. La mente entra a la caja de herramientas y busca opciones. La inteligencia es la capacidad de resolver nuevos problemas con los recursos que tiene. Todas las mentes utilizan su inteligencia al cien por ciento, pero hay inteligencias maduras e inmaduras. La inteligencia inmadura es aquella que aplicamos cuando éramos niño y la seguimos aplicando hasta ahora, sin habernos desarrollado. La inteligencia madura es cuando resuelvo los problemas en base a las experiencias. Cada vez que tu vida te da una oportunidad de ser feliz, tu mente te juega una mala pasada. Te programaron cuando niño para no ser feliz, para tener sentimientos de culpa. ¿Cómo hacer para cambiar? Tenemos que hacer que la mente cambie el reflejo condicionado, es decir, un sentimiento que asociamos a una conducta. Busca en tu niñez donde estaba almacenado el placer de jugar. Rescata los momentos placenteros. Cinco minutos diarios debes buscar en tu mente y sacar las situaciones placenteras. Dale opciones a tu mente, para ello busca dentro de ti cuando fuiste feliz y tráelo a tu mente. Cuando tu mente se da cuenta que tienes la opción de ser feliz y que la opción de la felicidad existe, entonces podrás ser feliz y buscarás la felicidad. El alcohol, la droga son recursos muy inteligentes que tu mente adquirió por un problema de inseguridad, para enfrentar lo que no te atreves a enfrentar sin ellos. La depresión y la esquizofrenia son recursos de la mente para no ser feliz. Lo importante es darse cuenta que es fácil cambiar. Toda técnica que tu mente maneje con constancia se convierte en un reflejo condicionado. Cambia tus conductas destructivas. Tu padre gritaba para controlar y ahora tú haces lo mismo a tus hijos. Pero tú puedes romper el círculo. Deja de hacerle a tus hijos lo que no te gustaba que te hicieran a ti. No vuelvas a los patrones de antes. ¿Tienes miedo a romper esquemas? Entiende que tu mente quiere ser feliz. ¡Atrévete a cambiar!

(Extracto del video de Leonardo Stemberg. Creador del Contraanálisis.Psiconeurociencia)

1.- De acuerdo a los datos entregados en el texto y en base a tus conocimientos generales, ¿qué quiere decir **genético**?
a) se refiere a genio
b) se refiere a genes
c) se refiere a genuino
2.- ¿Qué quiere decir el autor con la oración: **"La fuerza de voluntad funciona al cien por ciento"**?

3.- ¿Qué se quiere decir con el término **"reflejo condicionado"**?

4.- De acuerdo al texto, el alcohol y la droga son recursos elegidos por la mente para...
a) defenderse de otros   b) para esconder sus miedos
c) para evitar enfrentarse a la vida   d) para mostrar una
                                              seguridad que no se tiene
e) para esconder sus debilidades   f) todas las anteriores

5.- ¿Qué conclusión podrías bosquejar en base al texto?

6.- Un buen título para este párrafo sería:
a)Rompe el círculo b)Crea tu propia felicidad c)Las opciones de la mente

Ejercicio #3

EL **Cantar de Mío Cid** es considerado uno de los libros clásicos de la literatura española. Su autor es **anónimo** y la obra es un **poema épico** del cual se desconoce el título original. El texto representa el arte de los **juglares** españoles de la Edad Media, fueron escritos para su recitación. No se sabe exactamente cuándo fue hecho el poema, pero se cree que **circa** 1200, poco después de que ocurrieron dichos acontecimientos. El poema está dividido en tres cantares, algo así como tres partes. El primer cantar es: Cantar del destierro. El segundo: Cantar de las bodas de las hijas del Cid; y el tercero es : Cantar de la afrenta de Corpes. El poema consta de 3735 versos. Sus versos no se agrupan en estrofas, sino en tiradas, cuya cantidad de versos es de extensión variable y contiene una sola y misma rima asonante. Es un cantar de **gestas** que cuenta las aventuras del Cid Campeador: Rodrigo Díaz de Vivar. La obra está enfocada en el deshonor que sufre el Cid producto de ser acusado injustamente de robo y su deseo de recuperar la honra. Habla de su destierro y refleja los valores éticos de la época. Describe la mentalidad de aquellos tiempos y los hechos tal como sucedieron, lo que hacen de esta obra un fiel testimonio de aquella era. EL Cid se empecina en recuperar la honorabilidad conquistando los reinos moros del sur de la Península. Este género literario contiene una crítica a la alta nobleza heredada y una **loa** a la baja nobleza que ha logrado su estatus por méritos propios.

1.- ¿Qué quiere decir el término **anónimo**?
a) similar a
b) de la misma tierra
c) desconocido
d) un sacerdote

2.- ¿Qué quiere decir el término **poema épico**?
a) relato de acciones heroicas
b) poema de amor y pasión
d) oda a la libertad
e) Ninguna de las anteriores

3.- ¿Quiénes eran los **juglares**?
a) guerreros   b) nobles   c) artistas

4.- ¿Qué quiere decir el término **circa**?
a) circula   b) aproximadamente   c) circo

5.- ¿Cuál sería un buen sinónimo para el término **gesta** según la connotación dada en el texto?
a) genera   b) hazaña   c) gestión

6.- ¿A qué península se refiere el texto?
a) A la Península de Yucatán
b) A la Península de los Balcanes
c) A la Península Ibérica

7.- ¿Cuál sería un buen sinónimo para el término **loa**?
a) alabanza
b) crítica
c) ofensa
d) agravio

8.- ¿Cuál de las oraciones de acá abajo apoya mejor la IP del párrafo?
a) El Cantar del Mio Cid relata hazañas heroicas recitadas por juglares.
b) El poema épico describe las aventuras del Cid campeador y sus deseos de recuperar la honra perdida.
c) Los cantares son poemas que reflejan testimonios de la época.

Contexto y Significado

Como todos sabemos, muchas veces el significado de una palabra depende del contexto en que se encuentre, aunque se escriba igual y se pronuncie igual. Estas pueden variar de acuerdo a lo que el interlocutor está haciendo referencia. A estas palabras se les llama **homónimos.** Tomemos un ejemplo, la palabra **raíz:**
- Raíz de un árbol
- Raíz cuadrada de un número
- Raíz del pelo
- El término "A raíz de" significa "a causa de","en consecuencia a"
- La raíz de una palabra significa "el origen de".

Por cada palabra crea dos o tres oraciones en la cual la palabra tenga diferente significado en cada oración:

Ejercicio #1

Perro

Ejercicio #2

Banco

Ejercicio #3

Abonar

Ejercicio #4

Mero

Prefijos y sufijos

Como decía en el video, una de las formas de ampliar nuestro vocabulario es conociendo prefijos y sufijos. Analizando una palabra encontramos que la palabra puede estar compuesta de dos o tres partes. La parte base o fija de una palabra se le llama raíz y puede estar antecedida de una parte llamada "prefijo" y/o precedida por un "sufijo".

Prefijo	Raíz	Sufijo

Si aprendes prefijos, raíces y/o sufijos más comunes podrás deducir el significado de muchas palabras, ya que ellas tienen en la mayoría de los casos un origen griego o latino.

Ejemplos

En las siguientes columnas te muestro algunos para que puedas "adivinar" el significado de muchas palabras. Nota que probablemente varios de estos términos tú ya lo tienes adoptado en tu vocabulario diario.

Memoriza un ejemplo; ello te servirá de modelo.

Prefijo	Raíz	Sufijo
Ad= al lado de	Cron= tiempo	Ize= causar, afectar
Anti= contrario	Gam= matrimonio	Onym= nombre, palabra
Bi = dos	Lat= lado	Ism= estado, condición
Circum= alrededor	Mov= mover	Itis= inflamación
Dis= no, sin	Rect= derecho	Ous= llenar
Extra= sobre, fuera	Vit= vida	Logía= estudio de
Im/In= no	Cred= creencia	Tri= Tres
Mal= malo	Dict= decir, hablar	Trans= pasar
Mono= uno	Sect= cortar, dividir	Seudo= falso
Omni= todo	Gen= producir, causar	Re= de nuevo, volver a
Per= a través	Poli/multi= muchos	

Contexto y Significado: Prefijos y sufijos
Ejercicio #1

Trata de adivinar el significado de las siguientes palabras:

Palabra	Significado	Palabra	Significado
Bilateral		Politeísta	
Imposible		Monólogo	
Insegura		Monosílabo	
Permeable		Monógamo	
Impermeable		Sincronizar	
Seudónimo		Reusar	
Malversación		Revelar	
Antiterrorismo		Revisar	
Cronológico		Reverencia	
Cronómetro		Conmover	
Polígamo		Remover	
Vitalidad		Vitalicio	
Inmovilizado		Recargar	
transfusión		transeúnte	
Reinvertir		Translúcido	
Transmitir		Impávido	
Bilingüe		Bipartidista	
Polifacético		Omnipotente	
Extraordinario		Omnisciente	
Dictatorial		Otitis	
Conjuntivitis		Faringitis	

Ejercicio #2

Como decía anteriormente, connotación se refiere a la implicancia que tiene la palabra dentro del contexto y este significado puede ser positivo o negativo.

Las siguientes oraciones tienen dos palabras entre paréntesis, circula la palabra que tiene una connotación **más positiva** dentro de la oración.

Ejemplo:

El vecino tuvo una (riña/discusión) con el lechero.

1) Era tan (crudo/directo) en sus observaciones que siempre ofendía a la gente.

2) Él se (rió/ carcajeó) de las ocurrencias de su esposa.

3) Las más famosas modelos son siempre altas y (flacas/esbeltas).

4) La ropa para gente (gorda/robusta) está en la sección derecha.

5) Ella es rubia y (chaparra/pequeña).

6) Yo prefiero un auto (barato/económico).

7) La consejera le hablaba a los jóvenes (intoxicados/borrachos).

8) Mi jefe es realmente muy (nervioso/histérico).

9) Los niños por su naturaleza son (alterados/inquietos).

10) Las jóvenes al ver a su cantante favorito comenzaron a (chillar/gritar).

Ejercicio #3

Las siguientes oraciones tienen dos palabras entre paréntesis, circula la palabra que tiene una connotación **más negativa** dentro de la oración.

1) La pareja (discutía/comentaba) cómo gastar su dinero.

2) Él prometió a su esposa dejar la bebida, pero (mintió/fingió).

3) El ladrón (gritaba/ofendía) a la viejita sin compasión.

4) Él con su (terquedad/obstinación) no estaba dispuesto a dejar el vicio.

5) La secretaria (engullía/ comía) rápidamente su emparedado en el escritorio.

6) Ambos se habían (insultado/ofendido) antes que llegara la policía.

7) En la verde jungla se sentía un calor (insoportable/ intolerable).

8) El anciano sonreía y su frente se marcaba de (surcos/líneas).

9) El libro era tan malo que lo leía con (aburrimiento/desgano).

10) La cabaña no se había pintado por mucho tiempo y lucía (decrépita/ decadente).

Ejercicio #4

Una aproximación a un sinónimo de la palabra es (circula la que creas):
1) Obsoleto=   Absuelto - Viejo - Desvencijado.
2) Genocidio=   Nacimiento - Exterminio - Reconocido.
3) Famélico=   Ordinario - Feo - Hambriento.
4) Inventario=   Registro - Inventar - Invernadero.
5) Imperativo=   Obligación - Marchar - Imperfecto.
6) Global=   General - Aerostático - Federal
7) Estrategia=   Forma - Indulgencia - Heroica
8) Inmunizar=   Retener - Compilar - Vacunar
9) Exceder=   Sobrepasar - Excelente - Dar
10) Antelación= Devastación - Registración - Previo

Juegos, rimas y algo más

Sopa de letras

Encuentra los 8 elementos que debieras buscar en un texto para ayudarte a descubrir el significado de una palabra (ejemplos, contrastes, redeclaración, contexto, connotación, prefijos, sufijo, raíz).

E	J	E	M	P	L	O	S	D	F	Q	T	V	S	P
S	N	O	I	C	A	R	A	L	C	E	D	E	R	D
F	C	D	Z	S	U	I	E	R	O	F	G	E	C	A
A	S	I	A	D	E	A	S	I	J	O	F	P	E	M
U	A	T	O	T	S	O	N	I	Y	I	N	T	T	R
R	T	E	T	U	O	U	C	S	J	Y	E	Y	S	U
E	I	R	X	Y	M	S	F	O	D	S	C	A	A	Z
X	C	V	E	I	Y	K	S	I	N	A	D	W	R	R
Y	U	I	T	O	P	E	A	S	J	F	O	G	T	H
Q	W	S	N	R	A	R	A	C	I	O	N	P	N	A
S	E	D	O	N	O	I	C	A	T	O	N	N	O	C
T	V	B	C	N	Q	W	E	R	T	Y	S	U	C	I

Lección 2: Siete Consejos para una lectura productiva

Tiempo: **9'45"**

Para hacer los ejercicios, primero, mira el video.

En el video anterior vimos como leer cualquier tipo de texto. En este video nos enfocamos en darte 7 consejos para que la lectura sea productiva. Decíamos que para tener éxito en el GED debes procurar que la lectura sea comprensiva y veloz. Ambas habilidades deben ir de la mano para que se logre una lectura profunda y para ello deberás leer cada texto al menos dos o tres veces más y esa lectura se debe dar en forma activa.

Autoevaluación

Contesta las siguientes preguntas en base al video visto:

1.- ¿Qué recomendaciones hace el video para una lectura productiva en relación al "medio ambiente"?

2.- ¿Qué significa "escanear" la lectura?

3.- ¿Qué herramientas debieran usarse para hacer una lectura activa?

4.- Si te dicen que escribas palabras claves, ¿qué tipo de palabras debieras buscar?

5.- ¿Qué son los acrónimos y para qué me servirían en una lectura comprensiva?

6.- ¿Qué otras tácticas podrías utilizar para recordar lo leído?

7.- Si estás en el examen y te presentan un texto con un conjunto de preguntas ¿qué debieras leer primero?

Escaneando la lectura

En los siguientes ejercicios nos enfocaremos en practicar la primera lectura rápida que consiste en leer velozmente sin detenerse en detalles con dos propósitos:
1) Para obtener la IP
2) Para detectar el tono en que se escribió el texto.

Con respecto a la IP, la trataremos en la Lección #4.
En cuanto al tono, antes de hacer los ejercicios, les explicaré brevemente en qué consiste.

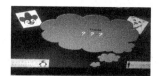

Tono del Narrador

La voz del narrador es lo primero que observamos al leer un texto, primero nos damos cuenta si está hablando en primera persona, segunda persona o tercera persona (los tres tipos de narraciones).

Narrar en primera persona significa desde un "YO", o sea, relata desde su propio punto de vista.

Narrar en segunda persona, vendría siendo un "TÚ", este tipo de narrador es, generalmente, epistolar, es decir, como si estuviera escribiendo una carta a alguien y conversara directamente con la persona.

Y el narrador en tercera persona, puede ser un tipo de escritor más distante y neutral (no necesariamente más formal). Puede ser un mero testigo de los hechos, un observador de los acontecimientos o puede ser un narrador omnisciente, esto quiere decir que lo ve y lo sabe todo. ¿Cómo puedes reconocer al narrador omnisciente? Simplemente, si el cronista describe el sentimiento o pensamiento de un personaje, entonces quiere decir que es un narrador omnisciente.

Cualquiera de las tres formas de contar, representan las emociones que expresa el narrador. El narrador no siempre es el mismo que el autor. Muchas veces el autor de una obra toma como contador a alguien que no necesariamente es él, sino que se expresa a través de este "autor ficticio" quien habla por el escritor. El tono refleja un estado de ánimo, una actitud. Puede ser una voz formal o informal, una voz alegre o triste, una voz sarcástica o alentadora, persuasiva, irreverente, agresiva o cordial, fría o cálida, misteriosa, ingenua, etc. En síntesis, puede tomar cualquier emoción que el autor quiera expresar. El tono del discurso, o sea, la voz del escritor y cómo se expresa es tan o más importante que lo que dice. A veces, el argumento escrito no refleja tanto como en la forma en que lo dice. De la misma manera en que hablamos los seres humanos, dependiendo de la situación podemos decir algo, pero el énfasis que le damos a las palabras, reflejan nuestra intensión. Generalmente, en un manuscrito investigativo, periodístico o informativo, se utiliza un narrador en tercera persona con un tono neutral. En cambio, en un cuento o novela, el narrador puede ir variando.

Ejemplo

El Buscón es una obra de Francisco de Quevedo (Madrid, 1580-Villanueva de los Infantes, 1645) y relata la vida de Pablos, el Buscón, quien es hijo de un ladrón y de una bruja. Cuando es un pre-adolescente es llevado frente a un joven rico donde queda bajo su servicio. Vive en la corte de Alcalá. Posteriormente, viaja a las Indias, siempre buscando la forma de sobrevivir en una sociedad a la cual no pertenece. Con astucia e ingenio trata de hacerse pasar por un noble. Esta novela se encuentra en la categoría de "novela picaresca", pero *"La vida del Buscón"* no es una novela picaresca común. Su estilo entra en el nivel de obra maestra. Sus personajes y eventos se describen en forma sarcástica. Muchas de las anécdotas son bastante crueles e hirientes. Quevedo extrema las circunstancias: la pobreza, la suciedad, la fealdad, los defectos, la inmoralidad, etc.

1.- ¿Cómo se presenta el narrador?
a) Narrador en primera persona
b) Narrador en segunda persona
c) Narrador en tercera persona
d) Narrador omnisciente

Para seleccionar la respuesta correcta, primero trabajaremos eliminando la opción menos probable y en este caso es la (d) porque en el narrador no está relatando una novela o un cuento con personajes ficticios, sino que está entregando información sobre una novela. Luego, descartamos la opción (b) porque el autor no está escribiendo una carta ni se está dirigiendo específicamente a una persona, sino que está hablando para un público general. Si el narrador estuviera hablando en primera persona, estaría relatando alguna vivencia, lo cual no es el caso. Por lo tanto, la respuesta **correcta es la (c)** el narrador está hablando en **tercera persona**.

2.- ¿Cuál es el tono del narrador?
a) sarcástico b) picaresco c) burlón d) neutral e) nostálgico

La respuesta correcta sería **neutral** porque el narrador está dando una información sobre el libro sin expresar ningún sentimiento en particular. Aunque habla de que la novela de Quevedo es sarcástica y picaresca, no así el texto que acabamos de leer porque el autor está haciendo un análisis de dicha obra.

3.- ¿El autor del artículo es el mismo que el narrador?
Suponiendo que este fragmento forma parte de un libro donde hace un análisis de esta novela (o varias), debiéramos suponer que la voz del narrador representa al autor, es decir, quien escribe el libro.

Esperando que con este ejemplo les haya quedado más claro lo que significa "el tono del narrador", nos vamos a hacer unos ejercicios para que practiquen.

Ejercicio #1

El autocontrol positivo de un ganador es aceptar en un cien por ciento la responsabilidad de los efectos causados en su vida. Los ganadores se dan cuenta que ellos personalmente tienen el poder de tomar el control de muchos de los aspectos de su vida, tanto física como mental. El autocontrol es la clave para la salud física y mental y puede contribuir de gran manera al bienestar o la riqueza. Los perdedores culpan a la vida y dicen que no entienden por qué la vida fue así con ellos (¿Por qué a mí?). En cambio, los ganadores toman el crédito o las culpas de sus rendimientos, ellos son los únicos responsables de su éxito o fracaso. A diferencia del perdedor que siempre trata de encontrar a alguien a quien culpar: a sus padres, a sus hermanos, a la pobreza, a las circunstancias, a su mala suerte, a sus problemas, a Dios, etc. El ganador parte desde donde está y se abre camino con lo que tiene. No mira hacia atrás. No se lamenta de su suerte. No se sienta a llorar. No se autocompadece ni anda detrás de que lo compadezcan. El perdedor no se resiste a los eventos, deja que ocurran. El ganador hace que los eventos ocurran. El autocontrol significa la posibilidad de elegir entre muchas alternativas y forjarse su propio destino.

(Extracto del libro "The Psychology of Winning", Dr. Denis Waitley)

1.-¿Cómo se presenta el narrador?
a) Narrador en primera persona
b) Narrador en segunda persona
c) Narrador en tercera persona
d) Narrador omnisciente

2.- ¿Cuál es el tono del narrador?
a) agresivo b) burlesco c) filosófico d) persuasivo
¿El autor del libro es el mismo que el narrador?

Ejercicio #2

Ambos somos feos. Ni siquiera vulgarmente feos. Ella tiene un pómulo hundido. Desde los ocho años, cuando le hicieron la operación. Mi asquerosa marca junto a la boca viene de una quemadura feroz, ocurrida a comienzos de mi adolescencia.

Tampoco puede decirse que tengamos ojos tiernos, esa suerte de faros de justificación por la que a veces los horribles consiguen arrimarse a la belleza. No, de ningún modo. Tanto los de ella como los míos son ojos llenos de resentimientos, que solo reflejan la poca o ninguna resignación con que enfrentamos nuestro infortunio. Quizá eso nos haya unido. Tal vez unido no sea la palabra más apropiada. Me refiero al odio implacable que cada uno de nosotros siente por su propio rostro.

(Extracto del cuento "La noche de los feos" de Mario Benedetti, uruguayo)

1.- ¿Cómo se presenta el narrador?
a) Narrador en primera persona
b) Narrador en segunda persona
c) Narrador en tercera persona
d) Narrador omnisciente

2.- ¿Cuál es el tono del narrador?
a) agresivo   b) amargo   c) filosófico   d) persuasivo

3.-¿El autor del libro es el mismo que el narrador?

Ejercicio #3

(...) Al cabo de un rato, el cazador, que estaba esforzándose mucho, sudaba debajo de la ropa de abrigo, le preguntó al barquero:

- ¿Dónde está el tonel?
- Ahí a la izquierda. En mitad de la bahía siguiente.
- ¿Viramos ahora hacia allí?
- Como quiera.
- ¿A qué viene eso de como quiera? Ud. conoce estas agua. ¿Hay profundidad suficiente para llegar?
- La marea está baja. ¿Quién sabe?
- Si no nos damos prisa será de día antes que lleguemos.

El barquero no respondió.

"Muy bien, capullo taciturno- pensó el cazador para sus adentros-. Vamos para allá. Hemos recorrido ya dos tercios del camino y, si te preocupa tener que trabajar y romper el hielo para ir a buscar los patos, peor para ti."

- Manos a la obra, capullo - dijo en inglés.
- ¿Qué? - preguntó en italiano el barquero.
- He dicho que más vale darse prisa. Va a amanecer.

(Extracto de "Al otro lado del río y entre los árboles" de Ernest Hemingway, estadounidense, Premio Nobel de Literatura).

1.- ¿Cómo se presenta el narrador?
a) Narrador en primera persona
b) Narrador en segunda persona
c) Narrador en tercera persona
d) Narrador omnisciente

2.- ¿Cuál es el tono del narrador?
a) neutro   b) agresivo   c) filosófico   d) irónico

3.- ¿El autor del libro es el mismo que el narrador?

Palabras claves

De acuerdo al video ¿Qué significa buscar las palabras claves?

Realiza los siguientes ejercicios, rescatando las palabras claves (sujetos, verbos, eventos) y relacionándolos. Haz un mapa mental del texto:

Ejercicio #1

En el S.XIX en Inglaterra habitaban dos tipos de polillas en los bosque: las polillas grises y las polillas negras. Las polillas grises tenían la facultad de mimetizarse con los líquenes que crecían en los troncos de los árboles, lo que las hacía casi imperceptibles a aves depredadoras. En cambio, las polillas negras eran fáciles de detectar, lo que hacía disminuir su población. Durante el proceso de industrialización, la polución de las fábricas cercanas a dichos bosques hizo que el liquen desapareciera y las cortezas se tiñeran de negro. Esto produjo que las polillas grises se notarán más y resultaron presa fácil a vista de las aves. Lo que causó una disminución de la población y, por otro lado, un aumento de la población en las polillas negras.

(Extracto de un caso documentado sobre selección natural. Biología para Principiantes. Dr. Wilson McCord)

a) Palabras claves:

b) Relaciones:

c) Mapa mental:

Ejercicio #2

Un organismo genéticamente modificado (GMO, por su sigla en inglés) es un organismo vivo cuyo padrón genético fue cambiado por el hombre. Uno de los precursores en genética, y de los OGM, fue el monje y botanista austríaco Gregor Mendel. Al cruzar plantas asentó las bases de las leyes de la herencia y de la genética moderna en el siglo XIX. Pero el hombre desde siempre ha hecho cruzamientos en forma empírica para obtener plantas y animales con ciertas características. Pero esta denominación OGM se restringe a organismos modificados mediante biotecnologías modernas. Gracias a estas técnicas se puede introducir en los cromosomas de algunos seres vivos, genes de animales o plantas totalmente diferentes. Algunos investigadores introdujeron en vacas el gen de la luciérnaga, la que produce luciferasa, y genera luz en este gusano. Aunque el ternero no brille en la oscuridad, sus células emiten una baja cantidad de luz bajo el efecto del estrés. Algunas empresas crearon variedades de plantas como el maíz, las hojas y el algodón para que sean resistentes a ciertos parásitos, hongos y enfermedades y algunos herbicidas usados en los cultivos. Otros OGM son elaborados para crear una mejor calidad nutricional y en el sector de la salud, investigadores estadounidenses buscan, por ejemplo, que un tipo de banana sirva como vacuna contra la gastroenteritis. Pero los OGM también preocupan, aunque nada demostró su carácter nocivo en la salud, los defensores del medio ambiente critican que no hay suficientes estudios. Además, los genes instalados en las plantas tienden a diseminarse y contaminar otras variedades. Lo que perturba el ecosistema. Otro factor polémico es la introducción de genes en semillas para volverlas estériles lo que obligaría a los agricultores a comprar nuevas semillas después de cada cosecha.

(Fuente: Resumen de Agencia de noticias Afpes.com)

a) Palabras claves:

b) Relaciones:

c) Mapa mental:

Ejercicio #3

<u>Apostadores compulsivos</u>

La Asociación Americana de Psiquiatría reconoce las apuestas compulsivas como un desorden psiquiátrico. Quienes padecen este mal tienden a realizar ciertas acciones, en este caso apostar, sin poder resistirse, no tienen control sobre el hecho, es un acto impulsivo. Se considera una enfermedad mental que lleva a la adicción. ¿A qué se debe esta enfermedad? La investigadora Donatella Marazziti de la Universidad de Pisa (Italia) señala que hay dos tipos de factores que los pueden impulsar y ellos son de tipo ambiental y genético. Se hicieron pruebas neuropsicológicas en quince hombres y cinco mujeres que eran apostadores patológicos. El estudio consistía en identificar las áreas del cerebro asociadas al trastorno. El único test en que fallaron fueron el llamado "Test de clasificación de cartas de Wisconsin "(WCST). Los apostadores tuvieron problemas para resolver los ejercicios y no aprendían de sus errores, eran incapaces de encontrar soluciones alternativas, en cambio, el grupo de control (gente sana) mejoraron con la práctica (Fuente: *Clinical Practice and Epidemiology in Mental Health).*

Lo terrible del caso es que esta adicción es potencialmente dañina, no solo para la persona sino que también para todo su entorno, ya sea familiar como de trabajo. Es una enfermedad progresiva, empezando ingenuamente como un mero "divertimento", llegando a ser una actividad que llena sus vidas. Esto causa un incremento en sus deudas o un sobreuso de las tarjetas de créditos. Es decir, recurren a cualquier recurso para obtener el dinero necesario para jugar y esto puede ir desde empeñar cosas de valor como las joyas heredadas de su esposa hasta hipotecar la casa.

En su trabajo, tienden a ser menos productivos porque siempre están pensando en cómo conseguir dinero para apostar. Faltan a su labor o llegan tarde por ir a visitar los casinos. Piden dinero prestado a sus compañeros o anticipos de sueldo. Una vez que han agotado todas las posibilidades de su entorno, buscan por fuera e incluso pueden llegar a cometer delitos como fraudes, robos, asaltos, desfalcos, etc. Las relaciones familiares se deterioran. Son frecuentes las peleas con su pareja por el dinero (producto, generalmente, de deudas impagas) y el abuso en los niños. Lo que conlleva a que los hijos tengan baja autoestima y repercusiones en su rendimiento escolar. El apostador sufre de depresiones que lo hace propenso a otros vicios como alcohol y drogas. Es por tanto necesario que esta adicción se maneje como cualquier enfermedad mental, requiere de un tratamiento y este debe ser hecho en una institución de salud mental especializada.

a) Palabras claves:

b) Relaciones:

c) Mapa mental:

Acrónimos

Viendo los videos, me imagino que ya aprendiste cómo se construyen los acrónimos y su utilidad. Entonces vamos a hacer unos ejercicios para que practiques. Lee los siguientes textos, detecta las partes del procedimiento y créate tus acrónimos para que puedas recordar rutinas o procedimientos:

Ejercicio #1
¿Cómo escoger una mascota?

La gran mayoría de los humanos, grandes o chicos, queremos tener una mascota y este va a se nuestro amigo que nos acompañará en nuestra vida diaria y, ojalá, por muchos años. Cuidar una mascota es una responsabilidad muy grande y requiere un compromiso de nuestra parte. Tener una mascota es como tener un hijo, debemos preocuparnos de todas sus necesidades, de mantenerlo saludable y feliz. Los países desarrollados tienen claro la importancia de las mascotas en el núcleo familiar y castigan severamente a quienes después de adquirir una, la abandonan o tienen muy poco cuidado de ellas. Cada animal requiere una atención especial; también tenemos que ver si encaja con nuestro estilo de vida y que sea capaz de acoplarse a nuestra familia. Antes de elegir una cualquiera, primero debemos investigar sobre los tipos de animales domésticos que existen en nuestra área (y si no existen, averiguar si podemos traerlo legalmente desde su hábitat), después debemos estudiar si es factible que se adapte a nosotros y, finalmente, determinar si estás listo para esa mascota y cuándo quieres adquirirla. ¿Te gustaría un perro, un gato, un reptil, un ave o un pez? Averigua la cantidad de años que viven y los cuidados que requieren. Por ejemplo, un pez ¿qué tamaño de acuario requiere? ¿Cuántas veces a la semana tienes que limpiar la jaula de tu periquito? Algunos roedores no pueden vivir solos, necesitarás comprarle una pareja. ¿Cuál es la etapa reproductiva de tu reptil? Un gato es muy activo y un perro requiere compañía permanentemente, no les gusta pasar solos. ¿Tienes suficiente espacio para tenerlo y suficiente tiempo para pasearlo? ¿Cuántas vacunas al año requieren? En fin, una mascota es un compañero muy gratificante, pero debes entender que requieren de un cuidado diario y para ello tienes que ser un "padre responsable". ¿Estás listo para ello? Si es así, entonces ¡Adelante!

a) Pasos o etapas del procedimiento

b) Acrónimo para el procedimiento

Ejercicio #2

Leer es un proceso muy complejo, va desde la visualización de la imagen, pasando por la interpretación que le da el cerebro a dichas imágenes hasta recordar lo leído. El primer paso para leer es el reconocimiento que hace el cerebro de los caracteres que comprende un texto. Si no conoces el alfabeto ruso, por ejemplo, o no sabes leer ruso, obviamente tu cerebro será incapaz de reconocer dichos caracteres. De lo contrario, tu cerebro los reconocerá como una gráfica familiar, entendible y lo asociará a un fonema, es decir, un sonido. Posteriormente, el cerebro deberá entender la lectura, o sea, cada palabra está asociada a una imagen que previamente aprendiste y tus neuronas las conectarán a la imagen que tiene guardada. Si, por el contrario, no conoce el lenguaje, por ejemplo, los símbolos coreanos o no reconoce esa palabra dentro de tu vocabulario previamente almacenado, le será imposible entender lo que está leyendo. Una vez hecho este proceso y si el documento que lee es importante, por ejemplo, un texto de estudio, lo guardará para luego extraerlo cuando sea necesario.

a) Pasos o etapas del procedimiento

b) Acrónimo para el procedimiento

Resumen

Ahora, trabajaremos con esta herramienta. El **Resumen** te ayudará a entender un texto. En los siguientes ejercicios, lee cada texto, habla en voz alta, imagina que se lo estás contando a alguien. Dile de qué trata el texto, una vez que lo hayas hecho en forma oral, escríbelo, ya sea con oraciones completas y/o "Monísticamente hablando". También, mientras vas leyendo, puedes usar las herramientas que ya hemos visto, tales como: subrayar, remarcar, usar acrónimos, extraer palabras claves, etc.

Ten en cuenta que un resumen <u>siempre contendrá la **IP**</u> y solo los **datos más importantes** (aquí no colocas detalles). Además, tienes que **redeclarar** las oraciones, esto quiere decir, que vas a escribir oraciones distintas, pero que contengan la misma idea. No se trata de copiar exactamente lo que está escrito en el texto; tampoco se trata de copiar las mismas palabras, sino que de usar sinónimos, es decir, palabras distintas que signifiquen lo mismo. Este ejercicio es muy importante porque muchas veces las posibles respuestas de un texto están presentadas de esa manera, es decir, se hacen redeclaraciones, o sea, parafraseos u oraciones que usan términos diferentes a los que encuentras en el texto, pero sin cambiar la idea de la oración original.

Ejercicio #1

Cómo criar a una ardilla bebé

¿Te has encontrado a una ardilla bebé huérfana? Aunque lo mejor es devolvérsela a su madre, podrás cuidarla y criarla hasta que llegue a la adultez. Criar animales no domesticados puede ser complicado y, por lo general, es mucho más difícil que en el caso de uno que ha sido domesticado desde el nacimiento; pero, es posible hacerlo. Si le das el alimento y albergue adecuado, y la cuidas diligentemente, tu ardilla se desarrollará bien en tu casa hasta que esté lista para regresar a la vida salvaje. Primero busca a la mamá. Aunque sin duda alguna podrás criar una ardilla bebé, nadie puede hacerlo mejor que su propia madre. Por lo tanto, cuando encuentres una, siempre es importante tratar de reunirla con su madre antes que nada. Una mamá ardilla buscará a sus crías y las reclamará si están calientes. Pero no recogerá a una cría fría porque pensará que está enferma o moribunda. Entonces, dependerá de ti evaluar la situación. Si esta está lastimada o fría, o es de noche y la mamá no llega a recogerla después de una o dos horas, probablemente esté huérfana y necesite tu ayuda. El olor a humano que tenga una ardilla bebé no impedirá que la madre la recoja, así que tocarla no es un problema en ningún momento. Si hay más de un bebé y uno de ellos ya está muerto, la madre no recogerá a los que sobrevivieron. Entonces, te tendrás que encargar de rehabilitarlos y ver si su madre los reclama después de un tiempo cuando el olor de la ardilla muerta haya desaparecido. Recoge a la ardilla bebé con delicadeza. Ponte guantes de cuero grueso (solo para estar seguro), y aprovecha esta oportunidad para observarla y revisar si tiene heridas, bichos, sangrado o bultos. Si está sangrando, o ves huesos rotos o heridas graves, tienes que ir al veterinario para que la revise lo más pronto posible. Caliéntala porque las ardillas bebés no generan su propio calor así que tendrás que hacerlo por ellas. Consigue o pide prestada una almohadilla térmica, una manta eléctrica o una botella de agua caliente. Asegúrate de que el aparato que hayas elegido tenga la temperatura entre baja y media. Las ardillas bebés deben estar incubadas a 37 ºC (99 ºF), ese es el ambiente adecuado para que tu ardilla bebé esté en buen estado de salud. Sin embargo, si es un día de verano, probablemente esta medida no sea necesaria. Necesitarás una caja pequeña o canasta de unos 30 cm (1 pie) cuadrados (sin tapa) o algún otro recipiente similar. Coloca el dispositivo térmico adentro, a un lado; de esta forma, si se calienta mucho, la ardilla podrá alejarse de él. Haz un nido adentro de la caja con materiales propios del área en la que encontraste a la ardilla. Haz un nido en forma de rosquilla y colócalo adentro. Asegúrate de que la fuente de calor esté apoyada en el nido, pero no en contacto directo con el animal. De ser necesario, puedes utilizar telas suaves que tengas en casa. Sin embargo, no uses toallas pues una ardilla bebé podría engancharse los pies y romperse los tobillos, perder extremidades, entre otras consecuencias. Trata de encontrar a la mamá una vez más. Pon el nido en el exterior. Si el área está a salvo de perros, gatos, mapaches y otros depredadores, puedes ponerlo afuera en el suelo. Si tienes dudas al respecto, ponlo en un árbol o en un poste para que esté a salvo. Conforme tu ardilla bebé se vaya calentando, esta llamará de manera instintiva a su madre. Si está cerca, hay una gran probabilidad de que venga a recogerla. Las madres cargan a sus crías como los gatos, así que no te preocupes de que el nido esté en un árbol. Lleva el nido adentro después de un par de horas. Hay muchas razones por las que la madre podría no llegar; por ejemplo, es posible que esté lastimada o muerta. En cualquier caso, para este momento la cría y el nido tendrán que unirse a tu hogar. Si tienes un perro o un gato, asegúrate de que la ardilla bebé tenga una habitación protegida y que el nido se mantenga caliente. Llama a los veterinarios, los refugios animales, las sociedades humanitarias, y los grupos de pesca y caza, de vida silvestre, y de cuidado de la vida silvestre de tu área para que te recomienden a un rehabilitador de vida silvestre de la zona que acepte ardillas. También puedes buscar en Internet con la frase "rehabilitación de ardillas", y el nombre de tu ciudad y tu jurisdicción. Ve a http://www.thesquirrelboard.com, para obtener ayuda con la ardilla hasta que puedas encontrar a un rehabilitador. Este es un foro al que te puede unir para hacer preguntas que te ayuden a criarla hasta que encuentras a dicho profesional. Ten en cuenta que algunos países y jurisdicciones tienen normas estrictas sobre la cría de ardillas. En el Reino Unido, criar, conservar o reintroducir ardillas grises a la vida silvestre es un delito penal que puede condenarse hasta con 2 años de cárcel. Algunos estados de Estados Unidos, como Washington, tienen leyes que prohíben tener o proporcionar rehabilitación a un animal salvaje, como una ardilla, que esté enfermo, herido o huérfano, a menos que lo estés llevando a un centro de rehabilitación de la vida silvestre con permiso para que lo cuiden ahí. Si no encuentras lugar, limpia a la ardilla bebé. Ten en cuenta que esta podría tener parásitos, como pulgas, ácaros, garrapatas y gusanos. Quítale las pulgas y gusanos a mano, con la ayuda de peines o pinzas para pulgas. En algunas tiendas de artículos de mascotas hay aerosoles contra pulgas y ácaros fabricados especialmente para animales pequeños como el hámster. Si se trata de una ardilla pequeñita que tiene la piel rosada, no le apliques nada directamente. Rocía un paño con el aerosol y ponlo cerca de ella. No eches el producto en las heridas porque le arderá. Verifica si está deshidratada. Puedes medir su nivel de deshidratación pellizcándole la piel. Si el "pliegue" que se formó no vuelve a la normalidad después de un segundo o más, el animal estará deshidratado. Una ardilla bebé en este estado necesita agua lo más pronto posible. Otras señales que revelarán que una ardilla está deshidratada son los ojos rugosos y hundidos o una apariencia escuálida. Hidrátala. Anda al supermercado o a la farmacia y compra Pedialyte (solución oral de electrolitos) o un producto Gaiber en la sección para bebés. A las ardillas les gusta los sabores a frutas, pero los simples también servirán si es lo único que encuentras. Si no hay Pedialyte, puedes utilizar Gatorade o la siguiente fórmula casera: Una cucharadita de sal, tres cucharaditas de azúcar, 0,9 L de agua tibia. Mezcla bien. Revisa la temperatura debe estar tibio al tacto. En el caso de las ardillas rosadas y sin pelos, debes alimentarlas con mucho cuidado. Si la tuya tiene esta apariencia, probablemente también será muy pequeña, más o menos de unos 5 a 7,5 cm (2 a 3 pulgadas). ¡Cuidado! Es fácil que aspiren líquido cuando son tan pequeñas y esto provoca que lo tengan en sus pulmones. A su vez, esto hará que les dé neumonía y podrían morir. Cerciórate de que los líquidos estén tibios.

Puedes guardar la cantidad que no utilices en el refrigerador. En el caso de estas ardillas pequeñas, solo échales una gotita en los labios cada vez y deja que la absorban. Si no reciben el líquido, introduce una gota en su hocico con cuidado para que puedan probarlo un poco antes. Algunas sencillamente abrirán su hocico y empezarán a succionar. Si la cría tiene los ojos abierto, puedes dejar que tome la jeringa en el hocico y darle algunas gotas con cuidado. Si se le escapa bastante líquido de su hocico o se le sale por la nariz, será porque estás dándoselo muy rápido. Sostén al bebé de cabeza de inmediato por 10 segundos, luego seca el líquido de su nariz y sácaselo de sus orificios nasales. Antes de continuar, espera aproximadamente un minuto. Dale la cantidad adecuada. A las crías pequeñitas de color rosado y ojos cerrados, se les debe dar 1 centímetro cúbico cada dos horas; a las que tiene el pelaje completo pero los ojos cerrados, entre 1 y 2 centímetros cúbicos cada dos horas; y a las que tienen los ojos abiertos, entre 2 y 4 centímetros cúbicos cada tres horas hasta que un rehabilitador te dé nuevas instrucciones. 1 centímetro cúbico equivale más o menos a entre 20 y 25 gotas de un gotero, y 5 centímetros cúbicos es 1 cucharadita. Las primeras dos horas, dale ½ centímetro cúbico cada 15 minutos. Si la ardilla bebé presenta náuseas o no responde a la alimentación, llévala de inmediato al rehabilitador y pídele que te dé solución láctica de Ringer. Si se aplica correctamente, esta te ayudará a que el animal se alimente nuevamente. Aliméntala cada dos horas durante el día y la noche hasta que tenga dos semanas. Después, dale de comer cada tres horas hasta que abra los ojos. Luego, hazlo cada cuatro horas hasta el destete, que sucede entre la séptima y décima semana de vida. Estimula a la ardilla bebé. Mientras tenga los ojos cerrados, tendrás que estimularla para que orine y haga sus deposiciones. Por lo tanto, antes y después de alimentarla con líquido, tendrás que sobar delicadamente el área genital y anal con una bola de algodón o un hisopo tibio y húmedo hasta que haga sus necesidades. De lo contrario, su estómago se hinchará y podría causarle la muerte. En la vida silvestre su madre se encarga de esta tarea. Por otro lado, si la ardilla bebé está muy deshidratada y no ha comido en un tiempo, es posible que no orine por algunos periodos de alimentación y que no haga deposiciones por un día. Reduce el tiempo entre cada alimentación. Si la ardilla bebé se está alimentando e hidratando adecuadamente, dale de comer cada hora entre cuatro y seis horas. Después, cambia a un sustituto de leche para cachorros. De lo contrario, solo utiliza la siguiente receta: 1 medida de sustituto de leche en polvo para cachorros, 2 medidas de agua destilada, 1/4 de medida de crema para batir (no crema batida) o yogur natural. Calienta la comida en el microondas. Como hiciste con los líquidos, ve dándole alimentos suaves de manera gradual. Sin embargo, como en el caso del Pedialyte, pasarás de un paso a otro de la alimentación un poco rápido. Las dos primeras veces, utiliza un mezcla de 75 % de Pedialyte y 25 % de alimento. Las siguientes tres a cuatro veces, mezcla el Pedialyte con el alimento en una proporción de 50:50. En las siguientes tres a cuatro veces, mezcla 75% de alimento con 25% de Pedialyte. Después de esto, podrás utilizar una mezcla que contenga 100% de alimento. Desteta a tu ardilla bebé. Unas vez que la pequeñita esté lista para los alimentos sólidos (cuando sus ojos se abran), podrás utilizar alimento seco para primates, que contiene la cantidad y el tipo adecuado de nutrientes. Si tu ardilla es hiperactiva, agresiva o muerde, lo más probable es que la causa sea la falta de calcio y magnesio. Pídele información al rehabilitador sobre cómo combatir este problema. Empieza a darle frutas crudas y secas. Como sucede con un bebé humano, a tu ardilla bebé le gustarán algunos alimentos y otros no. Descubre los que le gustan y siempre altérnalos pues estos animales necesitan una dieta variada. Al igual que un bebé humano, la ardilla también te hará saber cuándo ya no quiere la fórmula pues la apartará. Si esta orina sobre el alimento, es porque no le gusta. Si se frota la cara contra el suelo, también significa que no le gusta la comida. Solo dale pequeñas cantidades de cada alimento para que no le dé diarrea. Prueba con verduras frondosas de hojas verdes, pepino, higos, dátiles, kiwi y bellota.

(Fuente de información: Extracto de wikiHow)

a) Repite en voz alta o comparte con un amig@ las ideas que rescataste de la lectura.

b) Haz un resumen escrito de lo leído en no más de 40 líneas.

c) Haz un mapa mental.

Ejercicio #2

En 1961 el MIT, Massachusetts Institute of Technology, adquirió la microcomputadora PDP-1, lo que atrajo la curiosidad de un grupo de estudiantes que formaban parte del Tech Model Railroad Club, TMRC, ya que podrían interactuar directamente con ella mediante códigos de programación. Debido a que la microcomputadora tardaba mucho en encender, se quedaba prendida toda la noche haciendo que los miembros del TMRC tuvieran acceso a ella y pudieran empezar a experimentar. Uno de los logros más famosos de estos experimentos fue la creación del video juego Sparewar. Tiempo después, algunos miembros del TMRC se hicieron miembros del Laboratorio de Inteligencia Artificial del MIT y se llevaron con ellos la tradición de jugarse bromas inocentes entre ellos, a las cuales llamaban hacks. Fueron los miembros de este laboratorio los primeros en autonombrarse hackers. Esta comunidad se caracteriza por el lanzamiento del movimiento de software libre. La World Wide Web e Internet en sí misma son creaciones de hackers. En 1962, J.C.R Licklider creó un nuevo concepto que cambiaría las telecomunicaciones de ese entonces. Este concepto se llamó ARPANET. Una idea que empezó como un proyecto del Departamento de Defensa para la comunicación terminó siendo una extensa red de ordenadores transcontinental de alta velocidad; la cual comunicaba universidades, laboratorios de investigación y contratistas de defensa entre otros. Un efecto que tuvo esta red fue la de unir a todos los *hackers* de EUA, haciendo que empezaran a descubrirse a ellos mismos. ARPANET ayudó a que los amantes de la programación pudieran tener un espacio para generar ideas y al mismo tiempo para tener una identidad. De ahí salió la idea de crear un archivo que hiciera un compilado tanto del argot como de las discusiones que se tenían referente a la cultura *hacker*. A este primer compilado se le llamó *Jargon File (archivo de jergas)* que era una especie de diccionario. Se publicó en 1983 como *The Hacker's Dictionary* y poco a poco se ha ido actualizando. Con la llegada del nuevo PDP-10, ahora había una nueva oportunidad para probar a los estudiantes más brillantes. Fue entonces cuando estudiantes del MIT atacaron el Sistema Operativo del nuevo procesador y crearon uno nuevo llamado ITS (Sistema de Tiempo

Compartido Incompatible). El Sistema Operativo se podía describir como excéntrico y raro. Contenía algunos errores, sin embargo, el avance que lograron en cuanto a innovación técnica los llevó a tener el récord del sistema operativo más antiguo en uso continuo. La creación del nuevo sistema operativo llevó a que aprendieran a programar en distintos lenguajes, muchos de ellos siguen siendo utilizados en la actualidad. Un ejemplo es el lenguaje IA LISP que por su estructura y complejidad hizo que los programadores pensaran de forma más creativa y hasta a veces inusual. Pero fue gracias a esto que empezaron a desarrollar sus habilidades para atacar y usar la tecnología a su favor. Después de 1969, el laboratorio de Inteligencia Artificial del MIT fue conectado a la ARPANET desde donde pudo tener contacto con otros departamentos de investigación informática de otras universidades como Standford y Bolt Beranek & Newman. Con esta nueva forma de comunicación, los estudiantes empezaron a colaborar con otros a pesar de la distancia.

Al mismo tiempo que ARPANET nacía, era creado el sistema operativo UNIX en los laboratorios Bell. UNIX, junto con el lenguaje C, era muy portable y compatible con las máquinas. Las máquinas con UNIX tenían su propia conexión con otras máquinas con UNIX, y esta interconexión recibió el nombre de Usenet. Para 1980 los primeros sitios en Usenet empezaban a transmitir noticias, formando una gran red de distribución que crecería más que ARPANET. Ambos grupos de hackers estaban divididos y era poco común que alguien que usara UNIX también usara ARPANET. En 1983 se canceló la distribución de la PDP-10, la cual fuera una de las microcomputadoras favoritas de los hackers y en la cual se construyó el ITS. Después de la cancelación de esta microcomputadora por parte de la Digital Equipment Corporation la variante de UNIX creada en Berkeley se convirtió en el sistema hacker por excelencia. En esa época Richard M. Stallman, inventor del editor Emacs, creó la Free Software Foundation (FSF). En 1983 Stallman buscaba crear un propio sistema operativo de tipo UNIX que estuviese disponible de forma libre y fundó el proyecto GNU. Stallman sustituyó el copyright (todos los derechos reservados) por el copyleft (todos los derechos reversados), con lo que buscaba que cualquier programa publicado en la red por la FSF pudiera ser utilizado y modificado bajo una licencia de la Fundación y con la condición de difundir las modificaciones que se llegasen a hacer al programa también respetando las libertades del usuario. Otro de sus logros fue haber popularizado el término "software libre" en un intento de conseguir su objetivo y ponerle nombre al producto de toda cultura hacker. En 1991, un estudiante de la Universidad de Helsinki, Linus Torvalds diseñaba su propio UNIX sobre la base de la fundación y publicó el código fuente en la red pidiendo ayuda para perfeccionarlo. Con ayuda de cientos de programadores se desarrolla el Kernel Linux. Hoy en día es promocionado por diferentes gobiernos, como el de Francia y siempre está en código abierto y sin derechos de propiedad sobre él.

En 1984, Steven Levy publicó el libro titulado *Hackers: heroes of the computer revolution*, ("Los hackers: héroes de la revolución informática") en donde se plantea por primera vez la idea de la ética hacker, y donde se proclama y se promueve una ética de libre acceso a la información y a código fuente del software. Levy se basó en entrevistas para poder identificar los seis principios básicos relacionados con las creencias y las operaciones de los hackers. De acuerdo a Levy los seis fundamentos del hacker son:

1.El acceso a los computadores debe ser ilimitado y total;
2.Toda información debería ser libre;
3.Es necesario promover la descentralización y desconfiar de las autoridades;
4.Los hackers deberían ser juzgados por su labor y no por cosas como su raza, su edad, o su posición social;
5.Se puede crear arte y belleza en un computador;
6. Las computadoras pueden cambiar tu vida para mejor

Sin embargo, la ética hacker genera controversia, y hay personas, como el estudiante de derecho Patrick S. Ryan, que critican los principios recién enumerados, considerando que allí *"hay muy poca ética"*, y catalogando esos enunciados como *"un grito de batalla -que no pone límites a los hackers"*. Sin embargo, para otras personas, como por ejemplo Linus Torvalds, estos principios éticos están de acuerdo al trabajo cotidiano del hacker, que es *"interesante, emocionante y algo que se disfruta"*, adjetivos que en ocasiones son usados por los mismos hackers para describir sus respectivos trabajos, lo que también limita la restricción que se proclama sobre la libertad de usar la información. De acuerdo a Raymond, la ética social del hacker se basa en tres principios:

1.La creencia de que compartir información es bueno.
2.Que los hackers tienen una responsabilidad ética de compartir la información con la que trabajan.
3.Que los hackers deberían facilitar el acceso a computadoras cuando sea posible.

En la actualidad se usa de forma corriente para referirse mayormente a los criminales informáticos, debido a su utilización masiva por parte de los medios de comunicación desde la década de 1980. Según Helen Nissenbaum, que los hackers sean mal vistos ayuda al gobierno y a los poderes privados en dos cosas: 1) a definir lo que es normal en el mundo computacional haciendo creer que un buen ciudadano es todo lo que el hacker no es; 2) a justificar la seguridad, la vigilancia y el castigo.

A los criminales se le pueden sumar los llamados "script kiddies", *gente que invade computadoras*, usando programas escritos por otros, y que tiene muy poco conocimiento sobre cómo funcionan. Este uso parcialmente incorrecto se ha vuelto tan predominante que, en general, un gran segmento de la población no es consciente de que existen diferentes significados.

Mientras que los hackers aficionados reconocen los tres tipos de hackers y los hackers de la seguridad informática aceptan todos los usos del término, los hackers del software libre consideran la referencia a intrusión informática como un uso incorrecto de la palabra, y se refieren a los que rompen los sistemas de seguridad como "crackers" (analogía de *"safecracker"* *(ladrón de cajas fuertes)*. Los términos *hacker* y *hack* pueden tener connotaciones positivas y negativas. Los programadores informáticos suelen usar las palabras *hacking* y *hacker* para expresar admiración por el trabajo de un desarrollador cualificado de soporte lógico, pero también se puede utilizar en un sentido negativo (delincuentes informáticos) para escribir una solución rápida, pero poco elegante a un problema. Universalmente, la palabra hacker se utiliza normalmente para describir a alguien que se infiltra en un sistema informático con el fin de eludir o desactivar las medidas de seguridad. En un principio se utilizaba "hack" como verbo para expresar "perder el tiempo" (Ej. "Puedo hackear con el computador"), el significado del término ha cambiado a lo largo de décadas desde que empezó a utilizarse en un contexto informático. Como su uso se ha extendido más ampliamente, el significado primario de la palabra ha cambiado.

Desde el año 2002 se ha ido configurando una perspectiva más amplia del hacker, pero con una orientación a su integración al hacktivismo (fusión de hack y activismo). Aparecen espacios autónomos denominados hacklab o hackerspace y los hackmeeting como instancias de diálogo de hackers. Desde esta perspectiva, se entiende al hacker como una persona que es parte de una conciencia colectiva que promueve la libertad del conocimiento y la justicia social. Se entiende, por tanto, el hacktivismo como el empleo de las destrezas técnicas más diversas, en pro de fines sociales, ecológicos, humanitarios o de cualquier otra índole con repercusión o tendiente a la defensa de los derechos humanos. Encontramos ramificaciones del *hacktivismo* en la liberación de conocimiento (como puede ser la misma Wikipedia, en la que los conocimientos informáticos y técnicos de sus creadores dieron lugar a toda una revolución en el modo de crear y compartirse el conocimiento humano más allá de barreras académicas o comerciales); o en la liberación de información clasificada que se considera debe estar, por definición, a disposición de la sociedad (casos de WikiLeaks o las filtraciones de Snowden sobre las actividades militares y casos de espionaje gubernamentales).

Por tanto, el fenómeno hacker tiene un importante componente de aperturismo y liberación de conocimientos e información que, a través del activismo de estos especialistas, benefician a la sociedad en general.

En este caso, los roles de un hacker pueden entenderse en cuatro aspectos:

•Apoyar procesos de apropiación social o comunitaria de las tecnologías.
•Poner a disposición del dominio publico el manejo técnico y destrezas alcanzadas personal o grupalmente.
•Crear nuevos sistemas, herramientas y aplicaciones técnicas y tecnológicas para ponerlas a disposición del dominio publico.
•Realizar acciones de hacktivismo tecnológico con el fin de liberar espacios y defender el conocimiento común y abierto.

Dentro de toda esta jerga, han aparecido algunas clasificaciones para los hackers:

- **Hackers de sombrero blanco** (*white hat*), penetran la seguridad del sistema, suelen trabajar para compañías en el área de seguridad informática para proteger el sistema ante cualquier alerta.

- **Hackers de sombrero negro** (*black hat*), también conocidos como crackers muestran sus habilidades en informática rompiendo sistemas de seguridad de computadoras, colapsando servidores, entrando a zonas restringidas, infectando redes o apoderándose de ellas, en general, rompen la seguridad informática, buscando la forma de entrar a programas y obtener información o generar virus en el equipo o cuenta ingresada.

- **Hackers de sombrero gris** son aquellos que poseen un conocimiento similar al hacker de sombrero negro y con este conocimiento penetran sistemas y buscan problemas, cobrando luego por su servicio para reparar daños.

- **Hackers del sombrero dorado** es aquel que usa la tecnología con los fines de violar un sistema informático con el propósito de notificar la vulnerabilidad del sistema al administrador o colapsar computadoras y servidores, Entrando a zonas restringidas, infectando servidores o apoderándose de ellas. También rompe la seguridad informática no por razones maliciosas, sino para poner a prueba su propio sistema o de la compañía donde trabajan o simplemente para difundir un mensaje por la red.

En los últimos años, los términos *sombrero blanco* y *sombrero negro* han sido aplicados a la industria del posicionamiento en buscadores (*search engine optimization*, SEO), originando la denominación black hat SEO. Las tácticas de posicionamiento en buscadores de los hackers de *sombrero negro*, también llamada spamdexing, intento de redireccionar los resultados de la búsqueda a páginas de destino particular, son una moda que está en contra de los términos de servicio de los motores de búsqueda, mientras que los hackers de *sombrero blanco*, utilizan métodos que son generalmente aprobados por los motores de búsqueda. *Aparecen los Phreaker,* el término *phreak* es una conjunción de las palabras p*hone* (teléfono), *hack* y *freak* (entusiasta, fenómeno, loco, chiflado o monstruo en inglés). Son personas con conocimientos amplios tanto en teléfonos modulares como teléfonos móviles. La meta de los *phreakers* es generalmente superar retos intelectuales de complejidad creciente, relacionados con incidencias de seguridad o fallas en los sistemas telefónicos, que les permitan obtener privilegios no accesibles de forma legal. También se refiere al uso de varias frecuencias de audio para manipular un sistema telefónico, ya que la palabra inglesa *phreak* se pronuncia de forma similar a *frequency* (frecuencia). *El **lamer** o **script-kiddie** e*s un término coloquial inglés aplicado a una persona falta de habilidades técnicas, generalmente no competente en la materia, que pretende obtener beneficio del *hacking* sin tener los conocimientos necesarios. Su alcance se basa en buscar y descargar programas y herramientas de intrusión informática, cibervandalismo, propagación de software malicioso para luego ejecutarlo como simple usuario, sin preocuparse del funcionamiento interno de estos ni de los sistemas sobre los que funcionan. En muchos casos presume de conocimientos o habilidades que no posee.

Newbie: La palabra es un anglicismo, que se traduciría como *hacker novato*. Es una palabra usada en argot informático para referirse a alguien que acaba de iniciarse en el hacking y tiene poca experiencia. Algunas hipótesis sitúan la extensión de su uso a raíz de su popularidad dentro de las Fuerzas Armadas de los Estados Unidos de América, a finales del siglo XX. Otras variantes del término son *newby* y *newbee*. El término *novato* a secas (*noob*, comúnmente escrito) se utiliza más a menudo en los juegos en línea.

(Fuente de información: Extraído y resumido desde Wikipedia)

a) Repite en voz alta o comparte con un amig@ las ideas

b) Haz un resumen escrito de lo leído en no más de 40 líneas y colócale un título apropiado al texto.

c) Haz un mapa mental

Las preguntas primero

Una de las técnicas más importantes para tratar de entender el texto rápidamente es irse al final del escrito, donde se encuentran las preguntas y hacer un escaneo de ellas, o sea, leerlas velozmente, sin entrar a leer las posibles respuestas. Esto permitirá rescatar la IP y enfocar la mente para buscar las posibles respuestas al momento de ir a leer el párrafo.

En los siguientes ejercicios, lee las interrogantes que aparecen y trata de rescatar la IP y si puedes obtener una o dos IS o tal vez algún detalle importante, mucho mejor.

Ejercicio #1

Pregunta 1:
¿De qué se reía el muchacho?
Pregunta 2:
¿Cuántos días pasaron sin salir a la calle desde su luto?
Pregunta 3:
¿Qué quiere decir la oración: "Cuando despertó, el Otro Yo lloraba sin consuelo"
Pregunta 4:
¿Qué quiso decir María con que a partir de esa fecha nadie notó su ausencia?

a) A partir de las preguntas, haz una predicción sobre la IP, es decir, ¿podrías adivinar de qué trata el texto?

b) ¿Cuántos personajes crees que aparecen en el cuento?

¿Te das cuenta que sin leer nada del texto, ya has obtenido algunas ideas? Entonces, puedes ir a leer el texto con algunas pistas.

Ejercicio #2

Pregunta 1: ¿Cómo lucía la muchacha?
Pregunta 2: Según el texto ¿Cuántas horas podría haber estado en la plaza?
Pregunta 3: ¿Qué cosa se preguntaba constantemente la chica?
Pregunta 4: ¿Qué sentimiento le inspiraba el transeúnte del maletín?

a) A partir de las preguntas, haz una predicción sobre la IP, es decir, ¿podrías adivinar de qué trata el texto?

b) ¿Cuántos personajes crees que aparecen en el cuento?

Ejercicio #3

Pregunta 1: ¿Qué se preguntaba el viudo con respecto a la persona frente a su escritorio?

Pregunta 2:¿Por qué el extraño le contaba cosas que eran totalmente ajenas a él?

Pregunta 3:¿Cuál era la razón que su madre aún permanecía en la casa?

Pregunta 4:¿Cómo se sentía el viudo después del pésame recibido?

a) A partir de las preguntas, haz una predicción sobre la IP, es decir, ¿podrías adivinar de qué trata el texto?

b) ¿Cuántos personajes crees que aparecen en el cuento?

c) ¿Podrías crear una pequeña historia con los datos entregados por las preguntas?

Escanear significa leer rápidamente para encontrar la IP y el tono del autor.

Lección 3: Típicas preguntas de prueba del GED

Ver el video *Tiempo:* **2'34"**

Autoevaluación

De acuerdo al video, ¿cuáles son las preguntas típicas en el examen de GED para medir tu comprensión de lectura?

1.- _____
2.- _____
3.- _____
4.- _____
5.- _____
6.- _____
7.- _____

2.- Completa la oración:
Para que la lectura sea exitosa se deben combinar la_____ y la

_____

3.-Para una lectura comprensiva no basta con solo _____, ya que se debe _____ la información dada.

Si no fuiste capaz de contestar todas las preguntas o te fue muy difícil contestarlas, en los siguientes videos veremos cómo encontrar rápidamente las respuestas a cada una de las preguntas.

Técnica para conectar ideas

Ahora repasaremos la técnica para conectar ideas.

Pasos a seguir:

1.- Debemos identificar el/los sujetos (¿quiénes están involucrados en la historia o de qué cosa se habla?).

2.- Tenemos que buscar los verbos, aquellas palabras que me indican una acción.

3.- Relacionar los sujetos y los verbos con acontecimientos o eventos. Para ello, utiliza flechas que conecten estos conceptos.

Tomemos un ejemplo:

La familia de Jorge, en aquel otoño, visitó el Cañón del Colorado. Su padre sugiere que exploren ese majestuoso lugar desde el aire; y contrata un helicóptero para hacer el viaje más excitante. Desafortunadamente, una espesa neblina cubre el Gran Cañón. Mientras esperan a que se despeje el cielo de nubes, recorren el lugar a pie, visitan el museo y aprovechan de almorzar en el restaurante cercano. Después de 4 horas de espera, que entre paréntesis, se hicieron cortas y entretenidas, lograron despegar y ¡por fin! contemplaron esa majestuosa creación de la naturaleza desde el aire. Parecía increíble que estuvieran observando una obra que se formó hace millones de años. Sin duda, aquella experiencia fue inolvidable para todos.

Analizando el texto

1.- ¿De quién se está hablando? persona/cosa (¿**quién** realiza la acción?)

      La respuesta sería : La familia de Jorge.

2.- ¿Cuál es el verbo o los verbos presentes? (Verbo= la acción).

    Viajar, visitar, explorar, pasear, contratar, observar.

3.- En este trozo la acción sería: **Visitar** el Cañón del Colorado.

4.- ¿Cuál es el evento importante? El viaje en helicóptero.

Entonces, ahora lo haremos "monísticamente hablando" ...

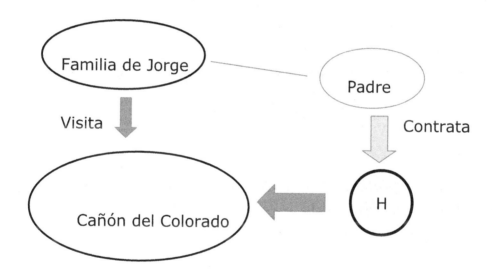

Juegos, rimas y algo más

Jeroglíficos

Trata de adivinar el concepto que está escrito acá en esta fórmula, colocando sinónimos o significado de los términos dados y los vas sumando, restando o dividiendo según lo que indique el signo matemático. Si no recuerdas cómo se hace, remítete a los apuntes de la explicación en el material del Nivel 1.

1) PREPOSICIÓN + NECTAR - ENE + YO EN INGLÉS + DEDO/2 + EL MEJOR

2) A LA MODA + CREENCIA PROFUNDA + REÍR - E

3) OPIO - O + NILO/2 + ENCENDER ANGLO + 4TA VOCAL + LA MUDITA + 2DA VOCAL + LETRA COMPUESTA + OSO - ENTONCES EN INGLES

4) POZO/2 +AFIRMACIÓN +CANCIÓN -PERRO + CONTRACCIÓN + PRIMERA Y ÚLTIMA VOCAL + PASTOR/2

¿Descubriste las palabras?
¡ Sos un genio !

insinuar = sugerir = adivinar = inferir

Repasa las tarjetas relámpagos y los juegos digitales

Lección 4: ¿Cuál es la IP del texto?

Tiempo: 3'01"

La IP, el punto destacado del texto, puede estar presente implícitamente o explícitamente (si no recuerdas qué significa esto, vuelve a ver el video).

Autoevaluación

De acuerdo al video existen muchas pistas dentro del texto para encontrar la IP ¿cuáles son las 6 preguntas que debieras hacerte para encontrar la IP?

1.-

2.-

3.-

4.-

5.-

6.-

TIP

Lee activamente, es decir, subraya, remarca, colorea, apunta, circula, pregunta, relaciona.

Utilizando las pistas dadas en el video contesta las preguntas presentes al final del texto.

Ejercicio #1

Nuevas pruebas de la plasticidad del cerebro.

Demuestran que aprender a leer y escribir tiene increíbles efectos en la estructura de nuestro cerebro. En el cerebro tiene lugar un proceso de reciclaje mientras aprendemos a leer: áreas desarrolladas para el reconocimiento de objetos complejos, como los rostros, se dedican a traducir letras al lenguaje; convirtiéndose algunas regiones de nuestro sistema visual en interfaces entre los sistemas visuales y de lenguaje. Así, un equipo de investigadores del Instituto Max Planck de Psicolingüística junto con expertos del Centro de Investigación Biomédica (CBMR) de Lucknow y la Universidad de Hyderabad (India) han demostrado en un grupo de mujeres indias completamente analfabetas y en torno a los 30 años de edad, que su cerebro se transformó de forma extraordinaria cuando aprendieron a leer y escribir por primera vez en su vida. En conclusión, leer provoca cambios muy profundos en nuestro cerebro, aún en la edad adulta.

"Hasta ahora se suponía que estos cambios se limitaban a la capa externa del cerebro, la corteza, que se sabe se adapta rápidamente a los nuevos desafíos", comenta Falk Huettig, líder del trabajo. La tasa de analfabetismo en la India es del 39%. La pobreza en este país aún limita el acceso a la educación en algunas partes de la India, especialmente para las mujeres, de ahí que los investigadores decidieran optar por participantes femeninas de alrededor de 30 años y completamente analfabetas. En 6 meses de entrenamiento, su nivel de lectura era notable."Aunque es muy difícil para nosotros aprender un nuevo idioma, parece ser mucho más fácil para nosotros aprender a leer, el cerebro adulto resulta sorprendentemente flexible", explica Huettig.

En contraste con los supuestos anteriores, el proceso de aprendizaje conduce a una reorganización sorprendente que se extiende a las estructuras cerebrales profundas en el tálamo y el tronco encefálico, cambiando las regiones cerebrales que son muy vetustas en términos evolutivos e incluso partes centrales del cerebro de los ratones y otros cerebros de los mamíferos.

"Estas estructuras profundas ayudan a nuestra corteza visual a filtrar información importante, incluso antes de que la percibamos conscientemente. Creemos que estos sistemas cerebrales afinan su comunicación cada vez más, al tiempo que los estudiantes se vuelven más y más competentes en la lectura. Esto podría explicar por qué los lectores experimentados se mueven de manera más eficiente a través de un texto", aclara Huettig.

Los impresionantes logros de aprendizaje de las voluntarias del experimento no solo brindan esperanza a los adultos analfabetos, sino que también arrojan una nueva luz sobre la posible causa de trastornos de la lectura como la dislexia. "Es por eso que solo los estudios que evalúan a los niños antes de que empiecen a aprender a leer y continúan durante varios años pueden traer claridad sobre los orígenes de los trastornos de la lectura", concluye Huettig.

El estudio ha sido publicado en la revista Science Advances.
Referencia: M.A. Skeide at Max Planck Institute for Human Cognitive and Brain
Sciences in Leipzig, Germany el al., "Learning to read alters cortico-subcortical
cross-talk in the visual system of illiterates," Science Advances (2017). DOI:
10.1126/sciadv.1602612
Extracto de la revista Muy interesante, escrito por Sarah Romero

1.- ¿Cuál es el título del párrafo ?

2.- Lee las primeras líneas del primer párrafo o de la introducción y dinos si está explícita o implícita la IP.

explícita

3.- Si la IP está explícita, remarca la oración que define el tema del párrafo, de lo contrario, escribe la IP que está implícita

4.- Si tuvieras que explicarle a alguien de qué trata el texto ¿cómo partirías? (Parafrasea la IP)

5.- Si tuvieras que contestar esta pregunta: **"¿De qué trata el texto?"** ¿Cuál opción seleccionarías?

a) Estudios científicos traen claridad sobre trastornos del aprendizaje, especialmente en las dislexia en niños.
b) Las mujeres analfabetas de la India se ven favorecidas con el estudio del cerebro.
c) El proceso de lectura y escritura cambia la forma del cerebro humano

6.- ¿En qué tono está escrito el texto?
a) formal   b) alegre   c) persuasivo   d)desesperanzador

Ejercicio #2

La fuerza aérea estadounidense mantiene más de 8.000 drones para combatir el terrorismo, según la Institución Brookings. En sus operaciones, ya han matado a más de 2.400 personas. Los modelos comerciales, por su parte, filman e investigan cualquier cosa. Por ejemplo, equipados con sensores de infrarrojos, algunos pueden detectar qué plantas están enfermas o sufren ataques de parásitos.

Así, es posible idear un plan de fumigación a la carta. Otros ayudan a controlar la caza furtiva y aportan pistas a los biólogos que estudian los vuelos de las aves y sus trayectorias. Los hay de todo tipo. El más grande de todos, el Eitan, de fabricación israelí, posee una envergadura de 26 m., casi como un Boeing 737. Por el contrario, el diminuto Nano Hummingbird, de 16 cms., desarrollado con el apoyo de la Agencia de Proyectos de Investigación Avanzados de Defensa de Estados Unidos (DARPA), podría pasar por un colibrí. Los robots literalmente han despegado hacia su libertad, aunque, eso sí, bajo control humano.

Entre la fauna robótica que permanece en tierra nos encontramos desde el Roomba, un pequeño aspirador semiautónomo con forma de disco ideado por iRobot que se ha convertido en todo un éxito comercial, hasta el PackBot –de la misma firma–, un róver militar provisto de un brazo robótico capaz desde manipular bombas hasta inspeccionar lugares contaminados por radiactividad. El TUG, por su parte, obra de Aethon, parece una especie de mesita con ruedas y sensores. Gracias a estos últimos, se desplaza sin problemas por los pasillos de algunos hospitales estadounidenses para llevar medicinas y otros suministros.

Extracto de la revista Muy Interesante, escrito por Luis Miguel Ariza (Mayo 2017)

1.- Leer las primeras líneas del primer párrafo y subraya la oración que define el tema del párrafo ¿Existe esa oración?

2.- ¿Qué título le pondrías al párrafo?

3.- Si tuviera que explicarle a alguien de qué se trata el texto ¿cómo partirías?

4.- Entonces, ¿cuál es la IP del texto ?
a) Los drones
b) La utilidad de los drones
c) ¿Qué son los drones?

5.- ¿En qué tono está escrito el texto?
a) formal　　　　　*b) esperanzador*　　　　　*c) persuasivo*

El verbo leer, como el verbo amar y el verbo soñar,
no soporta el modo imperativo.

Jorge Luis Borges
(Escritor argentino)

Lección 5: ¿Cómo identificar las IS?

Tiempo: 3'01"

Las IS son los detalles o argumentos que sustentan la IP. Las IS le aportan validez a la IP, la apoyan. Las IS se enfocan en reforzar o justificar la IP. En un texto organizado lógicamente como es el caso de un ensayo, las IS las encontraremos desarrolladas en el cuerpo del texto y se sustentan con evidencias (verdades válidas). Generalmente, para identificar todas las IS se debe hacer una segunda lectura.

Autoevaluación

De acuerdo al video ¿cuáles son las pistas para identificar las IS?

1.-
2.-
3.-
4.-

Lee los siguientes párrafos y extrae las IS de cada párrafo.

Ejercicio #1:

La creatividad es una habilidad con la que todos nacemos y desarrollamos principalmente en nuestra niñez, pero a medida que nos insertamos en la sociedad, la vamos perdiendo o la dejamos a un lado para darle paso a otras habilidades como es el razonamiento y el almacenamiento de información. Sin embargo, ahora que la información la encontramos en un click, debemos volver a desarrollar nuestra imaginación para ser creativos; ya que lo importante no son los datos que obtengamos, sino qué hacemos con ellos. La creatividad nos impulsa a desafiarnos, a ampliar nuestros conocimientos y a cambiar nuestros hábitos de vida.

Desafiarnos a nosotros mismos significa que debemos ampliar nuestra mente e ir más allá de un horizonte conocido. Para ello podemos practicar una serie de disciplinas, por ejemplo: leer, escribir, escuchar música, dibujar, hacer manualidades, completar crucigramas o hacer puzzles; todas ellas son actividades que fomentan la inventiva. Si no quieres hacerlo solo y te gusta sociabilizar, puedes participar en un club literario, un grupo de lectura, un taller de danza o tomar clases de pintura.

Nuestro conocimiento se puede ampliar estando abiertos a nuevas temáticas, buscando tópicos en los cuales nunca nos hayamos enfocado antes o experimentar algo completamente diferente. Leer un libro sobre astronomía, lanzarse en paracaídas, observar pájaros o aprender un instrumento musical son alguna de las tantas tareas que podemos probar.

Para impulsarnos a ser más creativos, tenemos que cambiar algunos de nuestros hábitos de vida. Una de las maneras de ayudarnos es haciendo deportes o aprendiendo a relajarnos; ello nos permite respirar mejor, oxigenar nuestro cerebro y, por ende, estimular la imaginación.

Definitivamente, la creatividad ha llevado al ser humano a realizar grandes cosas. Todo partió de una simple idea que un "loco" creó, creyó y la desarrolló hasta convertirse en algo útil y tangible. ¡Tú también puedes ser uno de esos locos que podrían cambiar el mundo! Solo necesitas dedicación y esfuerzo; como muy bien lo dijo Thomas A. Edison: *"El genio es un 1% de inspiración y un 99% de transpiración."*

Analizando...

a) ¿Cuál es la IP del texto?

b) ¿Cuál o cuáles son las IS que apoyan la IP del texto?

Ejercicio #2

Estudiar en línea es una de las grandes cosas que ha traído aparejada la tecnología. En cierta forma, ha democratizado la enseñanza, ha permitido que la educación esté al alcance de la mayoría. Han surgido cientos de plataformas de aprendizaje tanto gratuitas como de pago. Hay muchas universidades tradicionales que junto con sus clases "on-campus" han incorporado clases completamente "on-line" o han utilizado el sistema híbrido, esto quiere decir, que hacen una mezcla de ellas. Por ejemplo, el estudiante toma algunas clases "on-line" y va una vez al mes a tomar talleres "on-campus". Pero así como tiene sus beneficios también tiene sus desventajas. Todo depende del carácter de la persona y la situación en la que se encuentra. Las clases en línea son más cómodas y económicas, se pueden tomar desde cualquier sitio; pero se requiere más autodisciplina porque la formación es en solitario.

Una de las primeras ventajas que se visualiza con las clases "on-line" es la comodidad para el estudiante, no tiene que ir a clase, lo hace desde su casa, no importa donde esté, puede tomarlas desde cualquier parte del mundo y el horario es flexible porque tendrá acceso 24/7, lo que le permite compaginar su vida laboral, familiar y educacional. Uno de los "pros" es su rentabilidad; en primer lugar, este tipo de clases suele tener un costo menor en cuanto a matrícula, también el alumno se ahorra dinero en gasolina al evitar desplazarse desde su casa al campus universitario; además, no gasta en comida y, sobre todo, en tiempo de traslado. Tampoco es necesario comprarse libros porque se tienen los ebooks a un costo mucho menor que un libro impreso. Para aquellos estudiantes que les cueste leer, podrán accesar el material en videos o archivos mp3 (audio). El material lo obtiene de inmediato. Las dudas se resuelven a través de video conferencias, chats, correo electrónico y/o foros privados. También esta es una ventaja para la escuela porque se permite actualizar el material digital de inmediato e incorporar nuevas herramientas de apoyo con solo un enlace y el estudiante lo obtiene en un click. Faculta el aprender de forma personalizada, el profesor apoyará al estudiante durante su aprendizaje en forma individual dándole un "feedback" sobre las actividades y tareas que está realizando. Desde el punto de vista sicológico, se elimina la vergüenza o el miedo que existe, a veces, por parte del estudiantado en la enseñanza tradicional al preguntar las dudas delante de sus compañeros.

Por otro lado, tiene la desventaja que el alumno trabaja en solitario por lo que se corre el riesgo que la motivación decaiga. Pues, al no estar muy familiarizado con la tecnología puede ocurrir que no se sienta confortable con los foros o las discusiones en línea. Se requiere de mucha disciplina por parte del alumno. Algunas personas prefieren la enseñanza cara a cara por esa misma razón. El hecho de pasar una gran cantidad de horas en el computador puede traer problemas de salud (visuales y/o musculares). Al no tener un maestro al frente, no existe ningún control por parte del facultativo, no se sabe si el estudiantes realmente está estudiando o no. Adicionalmente, se corre el riesgo que se sienta saturado de información al no entregar el curso dosificado. Aunque sea un curso "on-line", existen video-conferencias donde el estudiante deba asistir y suele suceder los problemas de tiempo por los husos horarios, especialmente si toma las clases desde otro estado o, incluso, otro continente. Por mucho que el curso sea "on-line", habrá disciplinas que necesiten un apoyo práctico a la teoría que se está impartiendo "on-line" (especialmente en el área de salud o en cursos "on-hands" como mecánica, por ejemplo). Puede que necesiten herramientas que no están incorporadas al dispositivo y, de vez en cuando, el estímulo de una palmadita del instructor y que nos diga: ¡Bien hecho! (después de todo, seguimos siendo humanos...¿o no?).

En síntesis, el aprendizaje en línea nos ha permitido acceder a una formación de calidad desde cualquier parte del mundo y ajustada a las necesidades del alumno, el cual autogestiona su aprendizaje. Por lo que las clases a distancia es un método muy cómodo y flexible que ha posibilitado que miles de personas inicien o retomen una formación profesional de manera exitosa y como alternativa al aprendizaje tradicional. Sin embargo, aún quedan muchos aspectos importantes en los que hay que seguir trabajando para aumentar sus beneficios en el proceso de enseñanza-aprendizaje, entre ellos, enseñarle al usuario cómo debe aprender (aprender a aprender).

a) ¿Cuál es la IP del texto?

b) ¿Cuál o cuáles son las IS que apoyan la IP del texto?

c) ¿Qué título le pondrías al texto?

d) Monísticamente hablando relaciona los eventos.

Lee y conducirás, no leas y serás conducido.
Santa Teresa de Jesús (Escritora española)

Lección 6: Determinar cómo está organizado un texto (Parte 1: Orden cronológico)

Ver el video (Tiempo: 4')

Autoevaluación

1.- De acuerdo al video, un escrito puede estar organizado de muchas y variadas formas. Indica cuáles son las formas que presenta el video:

a)

b)

c)

d)

e)

f)

2.- Según el video, ¿de qué depende la forma en que se organice el texto?

a)

b)

3.- ¿Qué significa el término "Orden cronológico"?

4.- Indica típicos ejemplos donde un texto es presentado en orden cronológico.

5.- En base al video y recordando las muletillas presentadas en el Nivel 1 del Libro de Gramática, cuáles son las pistas o muletillas que debes ubicar para identificar si el texto está escrito en orden cronológico. Escribe algunos ejemplos.

Lee los siguientes párrafos y encuentra las pistas que indican el orden cronológico del párrafo.

Ejercicio #1:
5:30 am Despertar
5:45 am Hacer ejercicios
6:00 am Ducharse
6:45 am Tomar desayuno
7:00 am Salir

Ejercicio #2:

Comenzar un proyecto en investigación clínica es como subirse a un tren con destino desconocido. Está lleno de misterio y emoción, pero nunca sabes si irás en primera o tercera clase, si el tren tiene cafetería o no , si el viaje te costará barato o todo lo que llevas encima y, sobre todo, si vas a llegar donde te proponías o a algún lugar extraño que nunca soñaste visitar.

Cuando los miembros de nuestro equipo se subieron a este tren en las diferentes estaciones, teníamos la esperanza que nuestro destino fuera un mejor tratamiento para los niños con lesión cerebral severa. Ninguno de nosotros soñaba que, si conseguíamos este objetivo, nos quedaríamos en el tren hasta llegar a algún lugar donde a los niños con lesión cerebral se les pudiera hacer - ni remotamente - superiores a los niños sin lesión cerebral.

El viaje hasta aquí ha durado veinte años, viajando en tercera, con una cafetería que servía prácticamente solo bocadillos, una noche tras otra, a las tres de la mañana muchas veces. Los billetes costaron todo lo que teníamos, algunos no logramos vivir lo suficiente para terminar el viaje, pero ninguno de nosotros se lo habría perdido por nada del mundo. Ha sido un viaje fascinante.

(Extracto del Prólogo del libro "Cómo enseñar a leer a su bebé, La revolución pacífica", por Glenn Doman)

 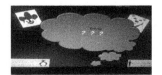

Ejercicio #3:

El feminismo es definido por la Real Academia Española (RAE) como la «ideología que defiende el concepto de que las mujeres deben tener los mismos derechos que los hombres». El feminismo se considera un movimiento social, o sea, un proceso muy diverso que busca la justicia social, cultural, económica y política para las mujeres.

Lo que sorprende excarvando en la historia es que esta lucha no es reciente, una de las primeras mujeres filósofas con principios feministas fue Hiparquías en Grecia en el S. IV a.C. Más cercanamente, remontándonos a la Edad Media, se inicia con el Preciosismo, un movimiento social y cultural de la primera mitad del S.XVII. En 1673, aparece la obra del filósofo francés Poullain de la Barre publicada anónimamente *"De l'égalité des deux sexes, discours physique et moral où l'on voit l'importance de se défaire des préjugez "* una obra donde demuestra que el trato desigual que sufren las mujeres no tiene un fundamento *natural*, sino que procede de un prejuicio cultural. Argumenta reivindicaciones feministas como el sacerdocio, el ejercicio de la judicatura, del poder político, el desempeño en las cátedras universitarias, el campo científico y el acceso a altos cargos en el ejército apoyado con una educación igualitaria. Salvo excepciones, como la recién nombrada, los principales autores varones de la Ilustración* relegaron el papel de la mujer en la modernidad. Tanto Rousseau como Kant (dos grandes filósofos de la era moderna) consideraban que las mujeres, al igual que los niños, estaban excluídas «por naturaleza» del derecho de ciudadanía.

En 1791, Olympre de Gouges, una escritora francesa y activista por los derechos de la mujer, hizo la *Declaración de los Derechos de la Mujer y la Ciudadana*, como contrapartida a los *Derechos del Hombre y el Ciudadano* creados dos años antes, tras la Revolución Francesa y aprobado por la Asamblea Nacional Constituyente de Francia. En aquella época, se genera literatura de carácter liberal a favor de la mujer. El detonante de la llamada Primera Ola surge con la publicación de la obra *Vindicación de los derechos de la mujer* en 1792 de la filósofa y escritora inglesa Mary Wollstonecraft. Entre los intentos más notables de incluir igualitariamente a las mujeres en el movimiento racionalista, se encuentran los clubes de mujeres en los tiempos de la Revolución Francesa. Pero aquellos intentos fueron acallados con la prohibición de los clubes de mujeres y la ejecución de Olympe de Gouges.

La Segunda Ola fue el llamado feminismo liberal sufragista, centrado en el derecho al sufragio y a la educación, movimiento feminista que se desarrolló en Inglaterra. Originariamente, el movimiento se concentró en la obtención de igualdad frente al varón en términos de derecho de propiedad e igual capacidad de obrar, así como la demanda de igualdad de derechos dentro del matrimonio. A finales del siglo XIX, los esfuerzos se van a concentrar en la obtención de derechos políticos, en concreto el derecho al sufragio. Un hito del feminismo americano es la Convención de Seneca Falls (1848) donde 300 activistas y espectadores se reunieron en la primera convención por los derechos de la mujer en Nueva York, cuya declaración final fue firmada por unas 100 mujeres. Maryana Marash (1848-1919) fue la primera activista del Medio Oriente (Península de Arabia, Israel, Siria, Jordania, Líbano, Turquía, Iraq e Irán).

Al iniciarse el siglo XX aparecen en el Reino Unido las suffragettes, activistas por los derechos cívicos de las mujeres, en particular el derecho al sufragio. El movimiento fue liderado por Emmeline Pankhursty y reunió escritoras y activistas de EUA y el Reino Unido quienes buscaban la igualdad de derecho frente al estado. En los EUA las mujeres ya peleaban por sus derechos antes de la Guerra de Secesión, pero decidieron apoyar el movimiento para abolir la esclavitud con la esperanza que los líderes abolicionistas las apoyaran posteriormente, pero esto no ocurrió, la igualdad de raza no se extendió a la igualdad de género, ellas no fueron apoyadas aunque muchas eran esposas o madres de líderes abolicionistas; entonces tomaron caminos distintos. Autoras y activistas importantes de esta ola del feminismo fueron: Lucretia Mott, Lucy Stone, Elizabeth Cady Staton y Susan B. Anthony; muchas de ellas influenciadas por el pensamiento cuáquero**. Realizaron actos de templanza como encadenarse en lugares públicos, romper escaparates, haciendo huelgas de hambre, desobediencia civil o actos desesperados y extremadamente peligrosos como tirarse delante del caballo del rey durante una carrera. Surgen las mujeres obreras, una nueva clase social. En Argentina, Virginia Bolten publica el periódico La Voz de la Mujer (1896-1899), cuyo lema era «Ni Dios, ni patrón, ni marido». Pocos años después. Bolten integró la mesa de conducción de la Federal Obrera Regional Argentina (FORA). Instalada en Uruguay participó del movimiento que conquistó el derecho al sufragio para las mujeres y el divorcio. Uruguay fue el primer país íberoamericano en lograr el derecho a voto. Después de mucho luchar en Inglaterra, se conseguirá el derecho al sufragio en 1918, pero solo lo consiguen las mujeres mayores de 30 años y poseedoras de una casa. En 1928, la edad para votar se equipara a la de los varones. Por su parte, en Estados Unidos, la Decimonovena Enmienda de 1920 otorga derecho al voto en todos los estados del país. La mayor parte de los grandes estados europeos van a tomar medidas semejantes con algunas excepciones como Francia e Italia, que aún postergarán unos 20 años el derecho al sufragio femenino. Aparecerán nuevas corrientes feministas, centradas en el progreso e igualdad social y cultural de la mujer. La rumana Sarmiza Bilcescu fue la primera mujer de Europa licenciada en derecho por la Universidad de París y fue la primera mujer en el mundo que consiguió un doctorado en Derecho, con una tesis titulada *Sobre la condición jurídica de la madre* (1890), donde mostraba todas las contradicciones y la carencia de derechos de las mujeres y, muy especialmente, de las madres. Elisa Leonida Zamfirescu, de nacionalidad rumana, fue la primera mujer ingeniero del mundo. En 1909 se inscribió en la Academia Real Técnica de Berlín, Charlottemburgen y se graduó en 1912. Al registrarse, el decano trató de convencerla de que renunciara, citando «las tres kas» (*kirche, kinder, küche*, 'iglesia, niños, cocina') que definían el perfil de la mujer en aquella época, pero los directores de la Academia tuvieron que aceptarla porque escribía y hablaba perfectamente el alemán, tenía conocimientos sobresalientes de matemáticas, física y química.

En el período de la Segunda Guerra Mundial, las empresas faltas de mano de obra, buscaron el apoyo de las mujeres. Fue muy famoso un cartel mostrando a una mujer trabajadora (Rossie la remachadora) realizando trabajos en aquel tiempo reservados para hombre. Los carteles decían: "Do the job He left behind" (Haz el trabajo que él dejó atrás) y "We can do it" (Nosotros podemos hacerlo), como una forma de animar a la mujer a que ocupara puestos de trabajo que los hombres habían abandonado para ir al guerra y lo presentaban algo así como un deber patriótico. Una vez terminada la guerra, volvieron los carteles, pero esta vez invitando a que "volvieran a sus verdaderas labores" y muchas mujeres fueron forzadas a renunciar. Eso demostraba que los hombres no estaban dispuestos realmente a que ellas ocuparan puestos de trabajo. La Tercera Ola comienza entre los años sesenta y setenta y se centra en la liberación de la mujer, la desigualdad no-oficial (*de facto*), la sexualidad, la familia, el lugar de trabajo y, quizás de forma más controvertida, los derechos en la reproducción. La última ola se inicia en los años 90 y se extiende hasta la actualidad y constituye una continuación y una reacción a las lagunas que se perciben en el feminismo de las olas anteriores, el análisis del patriarcado y la limitación velada del ascenso laboral de las mujeres. También la toma de conciencia de que no existe una única modelo de mujer, sino que hay muchos y diversos tipos de mujeres (determinados por la etnia, nacionalidad, clase social, orientación sexual o religión); así como la situación de las mujeres en el resto del planeta donde no se reconocen los derechos humanos que se declararon universales e inalienables. El feminismo ha conllevado importantes cambios en muchas parte del mundo; gracias a su influencia, las mujeres han logrado el acceso a la educación, el ejercicio del derecho al sufragio, la protección de sus derechos sexuales y reproductivos —incluyendo, en algunos países, la interrupcion voluntaria del embarazo - leyes contra la paridad electoral o la violencia de género, donde en muchos lugares se habían visto como algo natural y durante siglos las mujeres maltratadas se culpaban a sí mismas y se avergonzaban por ser golpeadas, hasta que los medios de comunicación y la crítica al fenómeno rompieron esa lógica. A pesar de todo, en ningún país del mundo se ha logrado la igualdad salarial, donde existe una diferencia de género del 17% y se calcula que un 30% de esa diferencia se debe a causas discriminatorias.

---

* Ilustración fue un movimiento cultural e intelectual europeo que comenzó en Inglaterra con John Locke y la Revolucion Gloriosa desarrollado desde mediados del S XVIII y termina con la Revolución Francesa. Los pensadores de este movimiento buscaban combatir la ignorancia, las superticiones y la tiranía que sufría la gente con las luces del conocimiento; de allí el nombre de "El Siglo de las Luces".

** Cuáqueros: La Sociedad Religiosa de los amigos, es una comunidad religiosa disidente fundada en Inglaterra por George Fox(1624-1691). El pueblo los llamó «quakers» (cuáqueros) o tembladores en español. Tal vez en alusión a la instrucción dada por George Fox a sus seguidores de «temblar en el nombre del Señor», y a la experiencia de quienes eran «movidos» por el Espíritu. Se extendieron en EUA por las actividades de William Penn, fundador de Pennsylvania. No tienen un credo oficial, y los cuáqueros pueden llegar a tener creencias diversas. Desde los inicios del movimiento, muchos cuáqueros manifestaron su intención de «encontrar la verdad» y de revivir las experiencias del cristianismo primitivo. Algunos destacados dirigentes se sintieron guiados por el Espiritu Santo, por las Sagradas Escritura y, más particularmente, por una voz o luz interior que les revelaba el camino para encontrar la verdad espiritual. Cada persona puede tener un contacto directo con la divinidad, sin necesidad de recurrir a sacerdotes ni sacramentos. En esta convicción se basa también, en gran parte, la diversidad de creencias particulares que conviven dentro de la comunidad cuáquera mundial. Los cuáqueros, en general, defienden la justicia, la vida sencilla, la honradez estricta y el pacifismo. Cuestionan la religión establecida, evitan la pomposidad y la guía sacerdotal. Los cuáqueros han sido activistas sociales y han realizado campañas contra el comercio de esclavos, los derechos de las mujeres, derechos de minorías como los presos o los homosexuales. Algunas renombradas organizaciones de carácter social fueron fundadas con la participación de cuáqueros y recibieron importante influencias de éstos, como Amnistia Internacional, Greenpeace y Oxfam, entre otras.

Lección 7: Determinar cómo está organizado un texto (Parte 2: Orden según el procedimiento).

Tiempo: 3'17"

Autoevaluación

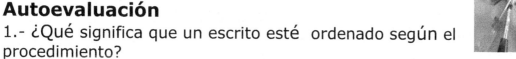

1.- ¿Qué significa que un escrito esté ordenado según el procedimiento?

2.- *Indica un ejemplo donde se escribe en forma secuencial*

3.- Coloca en el BM las muletillas que según el video debes buscar para saber si el escrito está organizado de acuerdo al procedimiento. Si no recuerdas, anda a las muletillas que se encuentran en el Nivel 1 de tu libro de Gramática y selecciona algunas.

BM

Remarca las muletillas que se encuentran en el texto e indican un orden de acuerdo al procedimiento

Ejercicio #1

Era la última hormiga de la caravana y no pudo seguir la ruta de sus compañeras. Un terrón de azúcar había resbalado desde lo alto, quebrándose en varios terroncitos. Uno de estos le interceptaba el paso. Por un instante la hormiga quedó inmóvil sobre el papel color crema. Luego, sus patitas delanteras tantearon el terrón. Retrocedió, después se detuvo. Tomando sus patas traseras como casi fijo punto de apoyo, dio una vuelta alrededor de sí misma en el sentido de las agujas de un reloj. Solo entonces se acercó de nuevo (...) Ahora, la superficie era otra vez clara.

(Extracto del libro "La muerte y otras sorpresas" de Mario Benedetti)

Ejercicio #2

El proceso que tendrás que seguir para enseñar a leer a un niño es un proceso increíblemente simple y fácil. Tanto si estás empezando con un bebé o con un niño de cuatro años, el proceso es básicamente el mismo. Los pasos a seguir en este proceso son los siguientes:

Primer paso : *Palabras sueltas*
Segundo paso : *Parejas de palabras*
Tercer paso : *Frases*
Cuarto paso : *Oraciones*
Quinto paso : *Libro*

(Extracto del libro "Cómo enseñar a leer a su bebé", Glenn Doman)

Ejercicio #3

Ahora os quiero compartir una rica receta de cocina que me envió mi hermana, aquí va:

Pie de Limón

Ingredientes para el bizcocho

2 tazas de harina cernida (si puedes, más de una vez)
2 huevos enteros
2 cucharadas de margarina
rayadura de limón
2 cucharaditas llenas de azúcar
2 cucharaditas rasas de polvos de hornear

Ingredientes para la crema

1 vasito de jugo de limón
1 lata de leche condensada
2 yemas de huevos o 3 yemas si son muy pequeñas

Preparación del bizcocho

Juntas todo bien mezclado. Si ves que no se pega bien, agrega un poquito de agua solo para unirla. Te debe quedar una masa. Después la pones en el molde previamente enmantequillado (yo compro bandejas de aluminio).

Hornear el bischozo

Precalientas el horno, cuando esté listo, colocas el bizcocho dentro del horno por unos 20 minutos. El tiempo dependerá de tu horno. No importa si no se dora, solo asegúrate que no quede crudo (¡ji!) .
Mientras se te cuece el bizcocho, prepara la crema.

Preparación de la crema

Mezcla la leche condensada con el limón, de a poco y sin dejar de mover. Después le agregas las yemas. Le puedes agregar limón a gusto, si te gusta más o menos ácido (¡tú ves!),

Con las claras que te quedaron haces un batido y cuando esté a nieve le vas agregando el azúcar directamente y de a poco hasta que se te vaya endureciendo.

Horneado final

Ya cocido el bizcocho, lo sacas del horno y le agregas la crema de limón y encima le colocas el merengue. Lo vuelves a poner al horno hasta que el merengue se dore, aproximadamente 10 minutos.
¡ Y ya está! ¡Qué te quede rico!

Cada vez que te sientes a estudiar, realiza los ejercicios de respiración que te enseñamos en los videos... eso te ayuda para tu concentración.

Lección 8: Determinar cómo está organizado un texto (Parte 3: Ordenado según la importancia)

Tiempo: 3'42"

Autoevaluación

1.- ¿Cómo se organiza un texto según la importancia?

2.- Nombrar un ejemplo donde se ordena la información de acuerdo a la importancia (y explicar).

3.- Coloca en el BM las pistas a ubicar para saber si el texto está organizado según la importancia

BM

En los siguientes ejercicios, marca con lápices de distintos colores, los hechos que se presentan, indicando su grado de importancia , por ejemplo, amarillo para el más importante; azul para el siguiente argumento o hecho de importancia y naranjo para los detalles o hechos de poca importancia.

Ejercicio #1

KERBER PASA A OCTAVOS AL SUPERAR SIN PROBLEMAS A LA JAPONESA OZAKI

Miami (USA), 27 marzo 2017 (EFE). La tenista alemana Angelique Kerber, primera jugadora del mundo, se clasificó hoy para los cuartos de final del Premier Mandatory de Miami al superar a la japonesa Risa Ozaki por un doble 6-2.

La nipona, 87 de la WTA y que procede de la fase de calificación, no pudo hacer nada ante la tenista germana, que busca en Miami su primer título de este año, en el que solo ha llegado a semifinales en Dubai y en los dos grandes torneos del año hasta la fecha, Abierto de Australia y Indian Wells, no pasó de cuarta ronda.

Ante Ozaki, la alemana se mostró más agresiva y apenas necesitó 61 minutos para cerrar el partido, el más apacible que ha tenido este año en Miami.

Aun así, de los cuatro juegos que se anotó la japonesa en todo el partido, dos fueron roturas de servicio a la tenista de Bremen que, sin embargo, no vio inquietarse por el resultado(...)

TIP

Lee activamente.

Ejercicio #2

DESTINO PARA GRANDES ANIVERSARIOS
En 2017, Canadá celebra su 150 aniversario y Finlandia el centenario de su independencia.
Portugal festeja el primer siglo de la aparición de la Virgen de Fátima.
Alemania celebra "El año de Lutero", coincidiendo con el 500 aniversario de la Reforma.

Alemania se ha volcado en el 500 aniversario de la protesta del monje agustino Martín Lutero (1483-1546) contra las injusticias de la Iglesia de Roma y su gesto de clavar sus 95 tesis en la puerta de la iglesia del palacio de Wittenberg, el 31 de octubre de 1517. Y Alemania lo festejará como nunca.

El país más grande de América y el segundo del mundo, Canadá, celebra sus 150 años como nación, con una fecha muy especial en su calendario, 1 de julio, Día de Canadá, que año a año festejan, desde que se creó la ley firmada por los británicos para la creación de la Confederación de Canadá, pero que en esta ocasión alcanza mayor realce, realizando fiestas por doquier.

Los finlandeses presumen de respirar uno de los aires más limpios del mundo, de sus miles de lagos y bosques, de sus 39 parques, de la posibilidad de admirar la aurora boreal aproximadamente 200 noches al año en la región de Laponia, de ser la cuna de Papá Noel, de ser el país de la sauna y de ser gente hospitalaria y entrañable. Helsinki, su capital, una apacible ciudad costera, cuenta con más de 330 islas y ya está preparada para recibir a miles de turistas.

Portugal es otro de los países que vivirá con entusiasmo un esperado centenario: el de las apariciones de Nuestra Señora de Fátima. La visita del Papa Francisco será el punto álgido. El pontífice llegará a Fátima el 13 de mayo, fecha de la primera aparición hace un siglo de la Virgen de Fátima a tres niños pastores portugueses - Lucía,

Jacinta y Francisco-, que se repitió en los meses siguientes hasta el 13 de octubre del mismo año. La Virgen les hizo varias revelaciones. En la primera vaticinaba la muerte prematura de Jacinta y Francisco. La segunda se refería al final de la Primera Guerra Mundial y al estallido de la Segunda y predecía la conversión de Rusia y el fin del comunismo. La tercera fue desvelada en el 2000 y, según el Vaticano, se refería al atentado que sufrió el Papa Juan Pablo II en 1981 y a la lucha del comunismo ateo contra la Iglesia.

Como ven, grandes países con grandes celebraciones están promoviendo sus festividades y desean compartirlas con quienes deseen visitarlos.

(Extracto del artículo de Juan A. Medina de la agencia EFE, publicado en la revista Bravísimo. Edición Primavera/verano 2017. Modificado para efectos educativos)

Ejercicio #3

El libro está dividido en capítulos de información y capítulos de práctica. En los capítulos de información se explican cuestiones relativas a los aspectos prácticos de la guitarra, tales como, el modo de afinarla, la elección del instrumento adecuado o su cuidado. Los capítulos de práctica aportan la información que usted necesita para tocar la guitarra.

Cada capítulo contiene ejercicios que le permiten practicar la habilidad tratada en su contenido. Al final de cada capítulo práctico encontrará una lista de canciones que puede tocar y que requieren la aplicación de las técnicas explicadas de este capítulo.

Cuando aprendas a leer serás libre para siempre.
Frederick Douglas *(1818-1895)*
Escritor estadounidense.

Lección 9: Determinar cómo está organizado un texto *(Parte 4: Organizado en base a la posición del autor)*

Tiempo: 3'57"

Autoevaluación

1.- ¿Cómo se organiza un texto en base a la posición del autor?

2.- Coloca en el BM las pistas (muletillas explícitas) a ubicar para saber si el escritor está dando su posición con respecto al tema.

BM

 **La mayoría de los textos que hablan de la posición o dan la opinión del autor presentan adverbios inciertos como : tal vez, yo creo, probablemente, posiblemente.**

Remarca en los siguientes textos dónde se encuentran las muletillas que muestran la posición del autor y contesta las preguntas.

Ejercicio #1

El niño en el período de uno a cinco años de vida

La necesidad de aprender durante este período de vida es, para el niño, una necesidad vital. ¿No es maravilloso que la sabia naturaleza haya hecho que al niño le encante aprender? ¿No es horrible que no hayamos comprendido bien lo que es un niño y hayamos puesto tantas piedras en su camino?

Este es, pues, el período en la vida en el que el cerebro del niño es una puerta abierta a toda la información sin hacer un esfuerzo consciente de ningún tipo. Este es el período de la vida en el que puede aprender a leer de forma sencilla y natural. Se le debería ofrecer la oportunidad de hacerlo.

Es durante este período cuando puede aprender a leer un idioma extranjero, incluso hasta cinco, lo cual no conseguirá cuando está en escuela secundaria o en la universidad. Esto también se le debería ofrecer. Puede aprender con gran facilidad ahora, pero con gran dificultad después.

(...) Y la cosa no queda ahí. Cada niño que se cría en una casa bilingüe aprende dos idiomas antes de los seis años. Más aún, lo aprenderá con el acento exacto de la zona en que sus padres lo aprendieron.

(Extracto del libro: "Cómo enseñarle a leer a su bebé" por Glenn Doman)

Análisis del texto

a) ¿Cuál es la IP del texto?

b) ¿Qué posición defiende el autor?

c) Extrae una o más oraciones donde el autor respalda su posición:

Ejercicio #2

Hoy nos toca volver hablar de smartphones, y para ello, le vamos a hacer un buen repaso a los modelos que nos han traído las distintas marcas. En este sentido, vamos a intentar determinar cuál es el mejor celular del mundo en este año 2017.

1.- Galaxy S7:

Simplemente es un teléfono genial, uno de los primeros que nos viene a la mente cuando pensamos en cuáles son los mejores celulares, y que nos demuestra que la marca surcoreana todavía tiene todo lo necesario para estar en la cresta de la ola. El Galaxy S6 ocupó nuestra primera posición el año 2015, y aunque pueda parecer aún muy pronto, podemos afirmar que el nuevo Galaxy S7 es un contendiente serio para ser considerado como el mejor teléfono de 2016. Con este modelo presentado, se ha tenido en cuenta todo lo que sus "fans" desean de sus terminales enfocando todos los esfuerzos en las tres áreas más importantes para este año: duración de batería, almacenamiento, impermeabilización y una batería extraíble. En cuanto a su apartado técnico se ha actualizado el procesador y la cámara de fotos, convirtiendo al nuevo Galaxy S7 es un terminal inmejorable.

2.- Galaxy Note 7: Otra vez tenemos a la marca surcoreana con sus extraordinarias phablets ocupando la segunda posición. Si buscas un smartphone grande con las especificaciones más avanzadas del mercado, el Galaxy Note 7 tiene que ser tu elección sin lugar a dudas. Con una resolución de 1440p, no te faltará de nada para obtener la máxima calidad de imagen en sus 5.7 pulgadas. La batería es otro aspecto donde no se ha escatimado y la cámara es la misma que la del Galaxy 7 (de hecho, tiene el mismo hardware).

3.- Iphone7 Plus:
En tercera posición tenemos a los incombustibles iPhone con el hermano mayor de esta saga: e iPhone 7 Plus. Si tuviera que destacar algo de este modelo, sin duda me quedaría con el gran rendimiento que nos tiene acostumbrado con su Sistema Operativo iOS y su cámara de fotos, que además de tener una calidad exquisita, viene incorporada en este iPhone con un zoom óptico de x2.

(Fuente: Extracto del blog mejores10.top https://mejores10.top/celular-telefono-movil-del-mundo-cual-es/

Análisis del texto
a) ¿Cuál es la IP del texto?

b) ¿Qué posición defiende el autor?

c) Extrae una o más oraciones donde el autor respalda su posición

Ejercicio #3

¿El genio nace o se hace?

Se dice que nace un genio cada 100 años. Tenemos el caso de Gutenberg en el S. XV, Leonardo Da Vinci en el S.XVI, Newton en el S. XVII, Mozart en el S. XVIII, pero a medida que el mundo progresa, esa cifra aumenta, tomemos el caso de Edison, Nikola Tesla y Thomas Young en el S.XIX, Einstein, Stephen Hawking, Asimov, Jacques Costeau en el S.XX ... y en el S. XXI son muchos más, partiendo por el más mediático de todos: Steve Job, siguiendo con Paul Allen, Andrew Wiles, Judit Polgar, Kasparov hasta el matemático Terence Tao...y posiblemente se me escapan varios. El Dr. Camilo Cruz escribió un libro titulado "Los genios no nacen, ise hacen!" y en él dice que debes programar tu mente para triunfar y ser feliz. Lo extraño de todo esto es que muchos genios murieron solos y pobres, otros se suicidaron por sentirse abandonados e incomprendidos de sus contemporáneos. En la actualidad, nos encontramos con niños superdotados inadaptados socialmente y fracasados en el sistema escolar. Algunos recibieron reconocimiento durante su niñez, pero luego fueron olvidados al llegar a la adultez. Entonces, no habría una correlación entre ser genio, rico y feliz. Pero volvamos al punto, todos estos genios ¿nacieron o se hicieron? Es decir, ¿hubo un aporte solo genético o también tuvo que ver el medio ambiente en que se desenvolvieron y los diferentes estímulos que recibieron que ayudaron a que estas mentes prodigiosas se desarrollaran? Tomemos el caso de Mozart, él siempre fue apoyado por su familia; su padre, músico al igual que él, lo animaba a tocar instrumentos y componer. Por otro lado, el padre de Leonardo da Vinci, al descubrir el talento para el dibujo de su hijo, lo llevó al taller del artista Andrea del Verrocchio para que lo aceptara como aprendiz.

Verán que ambos niños: Leonardo y Wolfgang Amadeus fueron estimulados en sus habilidades y se fueron desarrollando durante sus vidas para lograr sacar por completo el genio que había en ellos. Si pensamos en las mentes brillantes de nuestros tiempos como Judit Polgar (n. 1976), la niña prodigio húngara que posee el título Gran

Maestro Internacional en ajedrez, su padre la crió con un programa educativo en donde el centro de su vida era el ajedrez. Kim Ung-Yong (n. 1962), aprendió a hablar a los 6 meses, a los 3 años ya dominaba el coreano (su lengua materna), el japonés el alemán y el inglés; a los 5 años era capaz de resolver ecuaciones diferenciales, desde los 4 a los 6 años tomó cursos de física en la Universidad Hanyang en Corea del Sur, se graduó de Ingeniero Civil y obtuvo un doctorado. Es considerado la persona con el más alto CI , su puntaje es de 210 (considerando el antiguo sistema de medición, ahora en desuso, ya que se discute que no representa todas las áreas talentosas del cerebro).

Una mirada más cercana al genio australiano Terence Tao (n.1975), quien aprendió a leer a los 2 años, tomó cursos universitarios a la edad de 9 años, sacó el "bachelor degree" y "master" a la edad de 16 años y obtuvo su doctorado a los 21. Sus padres, un pediatra y una profesora de física y matemáticas, procedentes de China y emigrados a Australia, obviamente fueron un pilar fundamental en su desarrollo, quienes reconocieron el talento de su hijo y buscaron la manera que siguiera progresando.

Muchos de estos habilidosos chicos vienen de padres con una inteligencia promedio. Tampoco se sabe de genios que hayan procreado genios. Por lo tanto, no podemos decir que su ADN haya sido heredado, sino que algo pudo haber pasado en su período de gestación que los hizo diferentes. Lo que sí está por sentado es que el ambiente influye notablemente en su crecimiento intelectual. Cabe preguntarse ¿qué hubiera pasado si nadie se hubiese dado cuenta de ese talento o nadie se hubiese preocupado por ellos? Quizás se habrían perdido por falta de estímulo. Asimismo, queda la interrogante de cuántos más ya se han perdido por lo mismo.

El estímulo del medio ambiente es crucial para el crecimiento de los niños. Uno de los casos más impactantes que demuestra esta teoría es la chica Genie Wiley quien su padre la mantuvo recluida en el dormitorio y atada a una silla durante 13 años. Cuando la rescataron,

Genie no hablaba, no caminaba ni sabía vestirse. Posteriormente, aprendió a caminar y hablar, pero era incapaz de decir oraciones con una buena sintaxis, es decir, expresaba las ideas con un vocabulario elemental. Está claro que la parte izquierda de su cerebro, aquella que se encarga del lenguaje, no se había desarrollado.   Es cierto que muchos nacieron con un CI superior al resto de los mortales, pero si no se les hubiera incentivado no habrían progresado. Ese empuje de los padres, maestros, tutores y/o científicos permitió su avance. Tal vez los genios nacen con ese don, pero si el talento no es promovido nada sucederá y, como bien lo dice Glen Doman en su libro "Cómo enseñar a leer a su bebé", mientras más temprano mejor y, agrega que los ocho primeros años de vida son cruciales para el aprendizaje. Si leemos las autobiografías, prácticamente todos los genios fueron detectados a muy temprana edad y alguien se encargó de educarlos y guiarlos. Probablemente, si siguieramos las prácticas que sugiere Doman, en muchos hogares tendríamos un niño prodigio. Solo hay que preguntarse el viejo y trillado cuestionamiento: ¿Qué fue primero: el huevo o la gallina? Traducido a nuestro tópico, preguntaría: ¿Los niños superdotados nacieron con un alto coeficiente intelectual o el coeficiente intelectual se derarrolló porque tuvieron una estimulación temprana? ¿Qué opinas?

Análisis del texto

a) ¿Cuál es la IP del texto?

b) ¿Qué posición defiende el autor?

c) Extrae una o más oraciones donde el autor respalda su posición

d) Contesta las preguntas finales que hace el autor.

**La lectura hace al hombre completo; la
conversación, ágil, y el escribir, preciso.**
Sir Francis Bacon
(Filósofo y estadista británico)

Lección 10: Cómo distinguir un hecho.

Tiempo: 2'58"

Autoevaluación

1.- ¿Cómo podría distinguir un hecho, es decir, algo verídico dentro de un contexto?

2.- Indicar si la siguiente afirmación es verdadera o falsa:
"Siempre es recomendable decir de dónde se obtuvo la información"

3.- Da algunos ejemplos de información de primera fuente:

4.- Da ejemplos de información que se puede rescatar desde segundas fuentes:

5.- En un texto o libro, normalmente, ¿dónde se ubica la fuente de información?

6.- ¿Qué datos debiera indicar la fuente de información?

7.- Indica si la siguiente afirmación es verdadera o falsa:
    "Un hecho es una verdad cierta que no necesita probarse".
8.- Coloca en el BM las pistas (muletillas explícitas) a ubicar para saber si el escritor está indicando un hecho.

BM

Para mejorar la ortografía

Escribe las oraciones que te gusten unas 10 veces y mientras las escribes repítelas en voz alta.

Señala los hecho que aparecen en el texto.

Ejercicio #1

Ayer, aproximadamente a las 4 de la mañana, la policía se presentó en la Avenida Colfax frente al número 35645, debido a una llamada anónima recibida a las 3:47 AM informando de gritos y disparos que despertaron al vecindario. El reporte policial señala que en la casa no se encontró a ningún residente ni rastros que indiquen que alguien mora en aquel lugar. Sin embargo, testigos contaron que los gritos se vienen escuchando desde hace varios meses, aunque saben que la casa está deshabitada desde el supuesto asesinato de la dueña. Se especula que puede ser alguna familia *"homeless"* que está haciendo usufructo del inmueble porque a veces se ven luces encendidas y siluetas tras las ventanas. Otro de los vecinos teme que estén merodeando drogadictos en busca de un lugar donde pernoctar. La policía ha confirmado que los servicios básicos están desconectados desde hace seis meses y es muy improbable que alguien pueda sobrevivir en el interior sin calefacción con las bajas temperaturas acaecidas este invierno.

Ejercicio #2

Las playas de Constitución tienen la característica de tener olas de aguas tremendamente heladas, altas y peligrosas. Eso lo sabíamos antes de hacer la reservación en el hotel, pero igual quiso venir. Para Alfredo era un desafío imperdible. Para mí, otros de esos viajes aburridos y sin sentido. Aquella mañana bajamos temprano a la playa, aún no había nadie. A medida que preparaba su tabla de "surfing", empezaron a llegar los turistas. Mientras tanto, yo me dispuse a leer una novela policiaca. Pero el sol comenzaba a calentar y no pude resistirme a la somnolencia que el tibio rayo me causó. No sé cuanto rato pasaría, cuando desperté las arenas negras y brillantes se habían convertido en un gentío de cuerpos bronceados y niños jugando. De pronto, se escucharon gritos que el mismo viento los apagó. La gente comenzó a levantarse y con ellos los comentarios:

- ¿Qué pasaría?
- ¡No sé! - contestaba una voz delgada.
- Tal vez alguien que se ahogó, insinuó una voz ronca y pastosa.
- No, no creo, dijo la voz contigua.
- Yo vi a los surfistas muy adentro, exclamó una.
- Sí, afirmó otra.
- Pero hay bandera roja, agregó una tercera, no debieran estar practicando hoy día.

Entonces me enderecé. Ahora todos mis sentidos estaban alertas. Respiré aliviada cuando una sombra se acercaba con una tabla, pero pasó a mi lado sin siquiera mirarme. Seguí parada mirando el mar. Ahora viene otro grupo y les pregunté por Alfredo, una voz chillona me dijo con desgano: "Ni idea". Caminé hacia el puesto de refrescos, el sol pegaba fuerte y creí verlo sentado al lado de esa chica que nos había estado siguiendo con la mirada en el lobby del hotel. De pronto, ambos se pararon, tomaron sus tablas y se dirigieron al mar. Sentí una angustia en el pecho y mis labios se crisparon. Los aceché con la mirada. Permanecí ahí hasta que el sol desapareció.

Ejercicio #3

Rigoberto se sentaba en la última fila, Mélany lo escuchaba murmurar durante toda la clase. Siempre con esa voz amarga que usaba para dedicarse a molestarla. Si ella intervenía en la clase, él bajaba la cara y susurraba cosas como:mentirosa, cállate, de qué hablas. En otras ocasiones le hacía musarañas por detrás o le gritaba sobrenombres, pero siempre sin mirarla. No era capaz de enfrentarla. Solo azuzaba al resto de sus compañeros. Los ponía a todos en contra de ella. Cuando cumplía con su propósito, se sentaba tranquilo y en silencio. A veces, su rostro se tornaba rojo cuando ella lo superaba en las calificaciones. Tal vez nadie se daba cuenta, pero como Mélany estaba tan cerca, oía todos sus comentarios. Cada tanto le hablaba a su compañero de banco y otras veces los masticaba a media voz para que escucharan quienes estaban más cerca. Emanaba amargura. Sus ojos opacos la impresionaban. Mélany no podía entender por qué la atacaba tanto. Ella se había convertido en el foco de todos sus agravios durante los años de "High School". Muchos años después, recordando esos flechazos que venían a su mente, Mélany tuvo su momento de ¡ajá! Descubrió que Rigoberto siempre había estado enamorado de ella. ¡Claro, no podía ser de otra manera! Pero era tanta su inseguridad que nunca fue capaz de acercarse, hablarle y tratar de conquistarla. Tal vez se sentía inferior. Si tan solo hubiese intentado ser amigo, si tan solo se hubiera acercado a ella más amablemente, las cosas habrían sido muy distintas y ella habría dejado de sufrir por él.

1.- *Señala el o los hechos más importantes de este relato:*

2.- *Señala el o los hechos que el autor insinúa en este relato:*

Lee activamente

Lección 11: Cómo identificar la opinión del autor

Mira el video. Tiempo: 2'

Anteriormente hablamos de la posición del autor, ambas ideas son similares, en ambos casos estamos recibiendo el pensamiento del autor.

Autoevaluación

1.- ¿Cuál es la diferencia entre la opinión y la posición del autor ?

2.- Coloque en el BM las muletillas que servirían como pistas para indicar la opinión del autor

BM

Marca las muletillas que indican la opinión del autor
Ejercicio #1

Probablemente, todos alguna vez hemos escuchado de casas embrujadas, pero quizás muy pocos hemos tenido la oportunidad de enfrentarnos a alguna de ellas; o lo que es más improbable, visitar alguna. ¿Qué te parecería que te invitara a hacer un viaje por alguno de los lugares más embrujados? Considerando que acá en Santiago de Chile no hay muchos (ya que la mayoría se han venido abajo con los terremotos), pero, a lo mejor, podemos encontrar un edificio en pie. ¿Mmmm? Estaba pensando en el Hospital San José. Recuerdo haberlo visitado hace muchos años, cuando todavía se utilizaba como nosocomio. Era un conjunto de pulcras habitaciones con largos corredores, hermosos jardines con altas palmeras. Se dice de un médico, que murió repentinamente, aún pulula por los solitarios pasillos. ¿Vamos a verlo? ¡Tal vez nos encontremos con él! ¡Buuuuuuuuuuuuuuu!!!

Ejercicio #2

Mucho se especula de si existen o no los extraterrestres. Hay clubes dedicados a investigar los OVNIS (UFO, por su sigla en inglés) y miles de personas que quieren desenterrar todo el misterio que esto conlleva. Mi opinión es que sí existen. Y mi afirmación se basa en este simple cuestionamiento: ¿Por qué no? Quiero decir, si nosotros existimos ¿por qué no habrán otros seres (superiores o inferiores) que estén habitando otros planetas, otras galaxias o que vivan en las profundidades de nuestros océanos? Si en nuestro planeta Tierra existen millones de especies, ¿por qué no podrán existir otras millones de especies en el oscuro mundo del más allá? Pero no me refiero a lo desconocido, sino que a lo que ya conocemos, es decir, a nuestra galaxia. Yo creo que no nos podemos cerrar mentalmente y decir: "No hay seres extraterrestres, ellos no existen"; por el solo evento que nunca los hemos visto. De hecho, se han recabado cientos y cientos de pruebas de objetos voladores no identificados. Actualmente, el satélite Keppler está enviando todos los días miles de fotografías con información de qué trata el mundo exterior, explora otros planetas y nos entrega datos de temperatura, velocidad de los vientos, tormentas, composición de los suelos, elementos que contiene la atmósfera, radio, zonas habitables, etc. En su misión se ha confirmado el hallazgo de 2337 exoplanetas, de acuerdo a datos entregados por la NASA (Noviembre 2017). Pienso que solo es cuestión de tiempo para encontrar vida extraterrestre.

Ejercicio #3

La violencia doméstica o como la llamó Tomás Mañas, consejero de bienestar familiar, "terrorismo doméstico", es una de las grandes causales que aqueja a la mujer inmigrante hispana (y hombres en no pocos casos) en los Estados Unidos.

Muchas mujeres una vez que cruzan la frontera desconocen todas las leyes que las protegen contra la violencia de género y siguen viviendo en un "getto", donde todavía piensan que están encadenadas a retrógradas creencias. Es común ver que sus padres o asesores de las iglesias las "aconsejen" con ideas antiguas como: "Debes hacer lo que tu esposo dice", "La mujer debe obediencia al marido", "La Biblia dice..." y una sarta de frases hechas que en la actualidad están completamente obsoletas. A mi parecer, creen que aún siguen siendo el apéndice de su pareja, desconociendo que ellas son seres individuales, independientes y con tantos derechos como ellos.

No podemos quedarnos calladas ante el maltrato, nuestro deber es denunciarlo. Como bien lo dijo Elie Wiesel (Premio Nobel de la Paz 1989): "Ante las atrocidades tenemos que tomar partido (...). El silencio estimula al verdugo". Pero ¿qué es o qué no es el maltrato? Dada nuestra crianza, tal vez el concepto de maltrato está tan enraízado en nuestra cultura que no nos damos cuenta cuando este se comete. En primer lugar, debemos dejar claro que existen dos tipos de violencia: la violencia física y la violencia sicológica. Ambas son tratadas y castigadas de la misma manera. La única diferencia es que la violencia física puede dejar huellas en nuestro cuerpo y esta puede ir desde un simple moretón, pasando por heridas graves como quemaduras hasta situaciones irremediables como el perder la vida. En cambio, la violencia sicológica es más difícil detectar sus límites y no deja huellas, al menos *visibles, pero sí en nuestro corazón y en nuestra autoestima. Bajo mi punto de vista, la violencia sicológica es mucho más difícil de sanar que un mero golpe en la cara.*

Algunos autores hacen una diferencia entre agresión y maltrato, mientras el primero se refiere a lesiones físicas, el segundo se refiere a lesiones sicológicas como sometimiento, humillación, dominio, miedo, etc. Para efectos prácticos y, a mi modo de ver, sería exactamente lo mismo en términos de resultados, es decir, imponer la voluntad, tener el control o el dominio por parte del agresor.

Para que vayamos entendiendo, se considera maltrato si:
tu pareja (llámese novio/a, esposo/a o conviviente) te golpea, insulta, amenaza, humilla, te hace sentir estúpid@ y/o inútil. Se considera abuso si tu pareja te coarta tu libertad, es decir, te impide que veas a tu familia, que tengas contacto con tus vecinos, no quiere que tengas amigos o hables por teléfono; si te humilla delante de tus o sus amigos; si te abre la correspondencia o escucha tus conversaciones. Se considera maltrato si no quiere que trabajes o estudies. Si controla el dinero que tú ganas, ya sea quitándotelo o manejando tus gastos. Se considera violencia doméstica si no te da el dinero para las necesidades básicas de la familia o para tus gastos personales si no te deja trabajar. Es abuso si no te deja salir de la casa. Si te pide que trabajes para él en su negocio (aunque lo hagas desde la casa) y no te paga un sueldo por ello (piensa que se está ahorrando el salario de otra persona a la que debiera pagarle, si tú no lo haces). Se considera abuso si te controla, te acosa y/o decide por ti. Eres una mujer maltratada si te descalifica o se burla de ti. Si es celoso, posesivo, te acusa de serle infiel o ser coqueta. Si no te habla como forma de castigo o no te escucha. Si te desautoriza delante de tus hijos o los incita a ser cómplices de sus actos como el no tomarte en cuenta. Se considera delito si te exige relaciones sexuales. Si maltrata a los animales de la casa. Si te amenaza con llamar a inmigración o a la policía. Si no quiere arreglarte los papeles migratorios o siempre los está condicionando. Si te obliga a firmar documentos que no entiendes o que no quieres. Si te dice sobrenombres o te da pequeños pellizcos o empujones. Si te amenaza con quitarte los niños... ¿lo vas entendiendo?

El agresor, por lo general, muestra una careta en las relaciones sociales, siendo simpático y cariñoso en las fiestas contigo y frente a los amigos, pero en la casa es completamente distinto. No asume su responsabilidad del comportamiento agresivo, siempre te acusará del trato para contigo, diciendo que tú lo haces enojar, que él reacciona así porque tú lo obligaste a ello. Hagas lo que hagas, nada estará bien para él. Sin embargo, no olvides que tú no eres la culpable de sus arrebatos. No olvides esto: "Él es el único responsable", aunque no quiera reconocerlo, porque no es capaz de asumir sus responsabilidades. Además, uno de sus propósitos es hacerte creer que tú sin él no eres nadie, que jamás serás capaz de salir adelante. ¡Muy lejos de la realidad! La gran mayoría de las mujeres que sufren abuso, una vez libradas de su agresor, son capaces de rehacer sus vidas y desarrollarse como personas completas, llegando a ser mejores madres, profesionales e incluso líderes en su comunidad.

Muchas veces tenemos miedo de hacer cualquier cosa en contra de nuestro agresor por temor de que nos quite los hijos. Recuerda que acá en los EE.UU. no existe la figura legal del "abandono de hogar". Nadie te puede obligar a estar casada/o o viviendo con alguien a quien tú no quieres. Tú, simplemente, te puedes ir de la casa sola/o o con los niños y pelear la custodia de ellos ante los tribunales. Yo sé que muchas mujeres (y también hombres en esa situación) no se atreven a comentar nada por vergüenza o porque piensan que nadie les va a creer, pero el patrón de conducta de un abusador es tan similar entre sí que cuando lo comentes a un profesional o a la policía, es muy seguro que te creerán. No importa si tú estés indocumentada/o. Así que no tengas miedo a denunciarlo/a. En el gran porcentaje de los casos, los jueces buscan que los niños pequeños se queden con su madre. Si tienes miedo, puedes solicitar una orden de restricción para evitar que el agresor se acerque a tu hogar o tu trabajo. También existen casas de acogida seguras donde puedes irte a vivir con tus hijos por el tiempo que necesites, donde recibirás consejería, ayuda sicológica y legal; y lo mejor de todo: son gratuitas. Probablemente, te preguntarás el porqué cambió tanto, si él antes no era así. ¡No te dejes engañar! Él siempre fue así. Lo que sucede es que ya se cansó de tener la careta puesta, no puede seguir fingiendo por mucho tiempo, porque es agobiante representar un papel que no es y solo está volviendo a ser como realmente era, nada más, especialmente cuando cree que te tiene segura, cuando cree que estás completamente rendida a sus pies y que no vas a ser capaz de abandonarlo; entonces aflora su verdadera personalidad. Ten presente que este tipo de relaciones es un círculo vicioso, el abusador podrá decirte, pedirte, rogarte que vuelvas con él y que nunca más lo volverá a hacer, pero eso no es cierto, pasará un tiempo y siempre reanudará su comportamiento habitual. No te crees falsas expectativas, es tan solo una estrategia para mitigar el sentimiento de culpa que a veces tiene. Es como la persona viciosa, nunca va cambiar, lo repetiré: N-U-N-C-A V-A - A - C-A-M-B-I-A-R.

Si estás indocumentada y has sufrido maltrato, puedes arreglar tu situación migratoria, aunque el agresor sea una persona indocumentada. Por otro lado, si el agresor es una persona "sin papeles", no podrá obtener la residencia; o si es residente legal no podrá hacerse ciudadano americano en caso que haya sido acusado de violencia doméstica.

Pensemos una última cosa: no habiendo víctima, no hay victimario. ¡Ya está! ¡Rompe las cadenas! ¡Atrévete a denunciar!

Leer es encontrar algo que va a existir.
Italo Calvino*(1923-1985)*
Escritor italiano.

Lección 12: Cómo comparar y contrastar
Tiempo: 2'56"

Autoevaluación

1.- ¿Qué significa el término comparación?

2.- ¿Qué significa el término contrastación?

3.- Da un ejemplo donde se esté comparando.

4.- Da un ejemplo donde se esté contrastando

5.- Coloca en el BM las pistas que debes buscar en el texto para saber si se está comparando

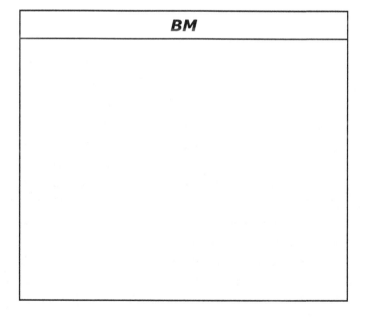

BM

6.- Coloca en el BM las pistas que debes buscar en el texto para saber si se está contrastando

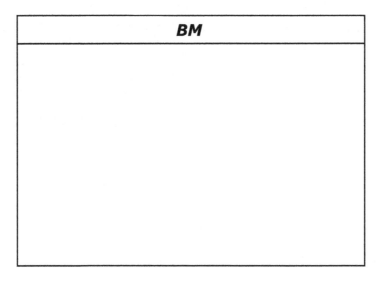

BM

En el siguiente texto se presenta el análisis de un producto tecnológico, detecta y remarca con un color las muletillas que representen ventajas con respecto a modelos anteriores (comparación) y con otro color aquellas que representen desventajas (contraste).

Ejercicio #1

En este texto analizaremos el producto más reciente salido al mercado: las smartTV. ¿Qué es exactamente un smartTV? Cuando se habla del término "smart" (inteligente) relacionado con cualquier forma de tecnología, significa que el dispositivo está enlazado con Internet, la red global. Tomemos el caso de los smartphones (teléfonos inteligentes) que pueden acceder a nuestro "email" (correo electrónico), las páginas webs, GPS (Sistema de Posicionamiento Global) y cualquier otro tipo de aplicación que requiere de internet para funcionar. La smartTV se conecta a la internet de la casa sea esta alámbrica o inalámbrica (wired or wireless). *Efectivamente, la smart TV h*a sido lo más revolucionario en los últimos tiempos, ya que el progreso de la televisión se había enfocado en el "hardware" solamente, incorporando pantallas LCD (Liqued Cristal Display- un estado de la materia entre líquido y sólido), la pantalla de cristal líquido las hizo más grandes, más delgadas y más livianas al requerir menos energía para funcionar. También estas pantallas permitían recibir un "input" desde otros dispositivos como un tocador de DVD (Disco Versatil Digital- un disco óptico de almacenaje), DVD-R (DVD para grabar) disco satelital y cable. En cambio, el nuevo modelo de televisor con conexión a internet contiene un tablero con diferentes aplicaciones de contenido que antes solo se podía acceder en un computador o un tablet. Con tanto avance tecnológico de los celulares y otros dispositivos, la televisión se habían quedado atrás, pero las smartTV, como dije anteriormente, vienen a revolucionar este campo. Estas pantallas inteligentes tienen mucho contenido en línea con definición 4K. El estándar 4K es la tecnología sucesora de la resolución Full HD (o alta definición) y despliega el cuádruple de pixeles que su antecesora. Desde la definición de los televisores analógicos, de 576 líneas (720x576), la imagen ha evolucionado bastante. Se alcanzó la alta definición o HD, que ofrece 1280x720 pixeles, y de ahí se ha pasado al full HD. El 4K representa un incremento superior a las anteriores, alcanzando los 3840x2160. Estos números quieren decir que el 4K despliega ocho millones de pixeles, en comparación con los dos millones que ofrece una resolución full HD. La densidad de pixeles es notablemente mayor Con una resolución 4K es posible ver detalles que de otra manera pasarían desapercibidos. Para los diseñadores gráficos es una valiosa fuente de información, porque las formas y los tonos son más precisos. Desafortunadamente, hoy en día encontrar contenido con esta definición es difícil. Tanto Netflix como Amazon, las mayores plataforma de vídeo "on demand", han señalado que todas las producciones propias están rodadas en 4K. Ambas compañías no son grandes productoras de cine, pero se han embarcado en ciertos rodajes para presentar exclusividades en sus plataformas como un valor agregado. Debido a la escasez general de contenido en 4K, estas producciones están llamadas a convertirse en las primeras que explotarán todo el potencial de las nuevas pantallas. La decisión supone, igualmente, un empujón a los creadores de contenido, ya sean plataformas online, productoras de cine o televisión, para que lancen productos en resolución 4K. El hecho de ser 4K exige mejor calidad en los montajes (escenografías, vestuario, maquillaje, etc.).

Las pantallas antiguas tenían diversos gadgets (también llamados widget - dispositivos o mini aplicaciones diseñadas para mejorar un servicio-) que te permitían reproducir contenido digital; la diferencia radica en que ahora las smartTV lo hacen más sencillo y práctico, pues no se necesitará de accesorios adicionales. Las smartTV vienen con sistemas operativos que admite utilizar tarjetas de memoria, USB y cámaras. Algunas televisoras tienen aplicaciones con las cuales se puede repetir el programa de su interés, un partido de fútbol, por ejemplo, y además, permite elegir la cámara según el ángulo en que quiera ver el partido. Adicionalmente, se puede usar como reproductor de contenido en línea y de música con una bastante buena calidad del sonido. Así como puede realizar video-llamadas con un gran número de personas. Si tiene un smartTV de las primeras generaciones, probablemente y comparativamente hablando, el sonido ya no es de lo mejor y las aplicaciones están un poco obsoletas. Irónicamente, muchas aplicaciones se lanzan prematuramente al mercado para ganarle a la competencia y terminan ganándose la desaprobación del usuario porque gran parte de ellas se lanzan con fallas. Siguiendo la misma idea, el usuario debe asegurarse que el smartTV sea compatible con las aplicaciones que desee adquirir porque no todas las aplicaciones se pueden descargar en todos los modelos. Por otro lado, está la polémica que las smartTV atentan contra la privacidad del usuario al recaudar información sin consultárselo, a través del reconocimiento de voz y de software preinstalados para monitorear las voces que se encuentran cerca del televisor. Otro punto en contra con respecto a las pantallas inteligentes es la navegación que es más complicado que el manejo de un tablet. Es difícil manipular las búsquedas y es poco intuitiva. Lo que hace que las dueñas de casas o adultos mayores se sientan frustrados e incapaces de manejar el control remoto y, prácticamente, se necesita un ingeniero de la NASA para cambiar de canal o acceder a alguna aplicación. Para aprovechar al máximo la conexión a internet es indispensable contar con al menos 10 MB. El control remoto consume bastante energía, por lo que tendrá que aperarse de baterías. El precio está entre 800 y 1700 dólares, pero para que la experiencia sea realmente buena, considere gastar en un equipo de sonido envolvente (surround sound), lo que obviamente encarecerá la adquisición del producto. Por lo anteriormente expuesto, el smartTV es una buena adquisición si queremos renovarnos y avanzar al siguiente nivel tecnológico, pero no todo es perfecto, precio incluido; esperemos que vaya decreciendo durante el transcurso del año.

Ejercicio #2

Dividiremos la hoja al medio y en la parte de la izquierda coloca las comparaciones que presenta el texto y a mano derecha las contrastaciones

COMPARACIONES	CONTRASTACIONES

Lección 13: Cómo encontrar la relación causa-efecto

Tiempo: 6'17"

Autoevaluación

1.- ¿En qué situaciones se usa más esta técnica de relacionar causa-efecto?

2.- De acuerdo al video, ¿qué otros términos similares se usan para esta relación?

3.- ¿Cuál es el procedimiento para analizar un escrito bajo este tipo de organización?

4.- Coloca en el BM las pistas que debes buscar en el texto para saber si se está conectando una causa con un efecto.

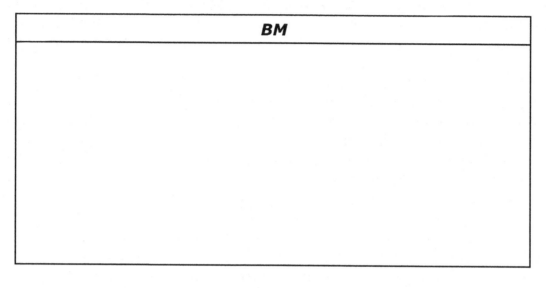

... y verbos como:

Si las muletillas no están presentes o no se identifican claramente, hazte las siguientes preguntas para identificar la causa y el efecto:
¿Qué sucedió, cómo sucedió o por qué sucedió?
¿Cuál fue la consecuencia, qué produjo, qué se logró?

Ejercicio #1

Usualmente, una parte del cuerpo se "duerme" si la persona se sienta e involuntariamente aplica presión sobre los nervios, lo cual corta la comunicación con el resto del cuerpo, principalmente con el cerebro. Los nervios también pueden estar "cortados" si se restringe la sangre de una parte del cuerpo debido a un posicionamiento incómodo de las extremidades, ya que los nervios necesitan sangre para funcionar. Los nervios están formados por fibras de diferente grosor y sensibilidad. Cuando una parte del cuerpo se duerme, se inhiben los mensajes de los nervios al cerebro. Cuando se cambia de posición para que los nervios vuelvan a funcionar, estos se "despiertan", ya sea por la ausencia de presión o resurgimiento de sangre, y comienzan a enviar los mensajes al cerebro en diferente orden según su tamaño. Los nervios más pequeños y los más sensibles se despiertan primero, mientras que los nervios más grandes se despiertan al final. Los primeros nervios que se despiertan son aquellos que controlan el dolor y la temperatura, razón por la cual se tiene una sensación de hormigueo y luego, es el turno de los nervios del tacto. Finalmente, las neuronas motoras son capaces de comunicarse con el cerebro y el control sobre el movimiento de la extremidad es restaurado.

(Extracto de www.meganotas.com)

1.- Si uno se sienta en mala posición, ¿qué puede ocurrir?

2.- Identifica la causa y el efecto

3.- Cuando se cambia de posición ¿qué sucede? (Identifica la causa y el efecto)

4.- ¿Por qué se tiene una sensación de hormigueo?

5.- Un efecto es la restauración del movimiento de las extremidades; y su causa es... ?

Ejercicio #2
¿Cómo se inició la Primera Guerra Mundial?

El nacionalismo es un sentimiento de amor y lealtad por su propio país y en Europa, a comienzos del siglo XX, creció el nacionalismo en muchas de las regiones, unificando los países internamente. Por otra parte, existía gran rivalidad entre ellos. Habían seis grandes potencias, quienes querían obtener el poder en Europa y gobernar a otras naciones, pero no solo en Europa, sino que, además, querían formar grandes imperios que abarcaran zonas de África. Los países comenzaron a militarizarse e iniciaron una carrera armamentista, fabricando productos bélicos y formando grandes ejércitos. Por tal razón, y para protegerse de sus enemigos, crearon alianzas. Es así como Alemania, Italia y el Imperio Austro-Húngaro formaron la Triple Alianza, por una parte y, por otro lado, Gran Bretaña, Francia y Rusia formaron la Triple Entente. Al sureste de Europa se encuentra el área de los Balcanes, en aquel tiempo controlada por el Imperio otomano (los turcos). Rusia y el Imperio Austro-Húngaro pretendían disputarse dicha zona. Asimismo, el reino de Serbia que pertenecía a la misma región, buscaba conquistar pueblos eslavos circundantes. En 1908, el Imperio Austro-Húngaro ataca a los pueblos eslavos de Bosnia y Herzegovina lo cual molesto a Serbia y aumenta las tensiones. En 1914, un serbio asesina al heredero al trono austro-húngaro, el archiduque Franz Ferdinand, entonces su imperio le declara la guerra a Serbia. Rusia sale en su defensa, lo que finalmente fue el detonador para la Primera Guerra Mundial.

1.- ¿Por qué se produce la carrera armamentista?

2.- Deduzca la razón que llevó a todos estos países a formar alianzas

3.- ¿Qué efecto inmediato produce el asesinato del heredero al trono austro-húngaro?

4.- Si solamente un país le declara la guerra a otro, ¿cómo fue posible que estallara la Primera Guerra Mundial?

Ejercicio #3

Aquí te presento varios hechos, selecciona las causas, los efectos y colócalos en las columnas correspondientes.

1.- Una persona se sube a un bote y comienza a remar, mueve los remos hacia atrás y el bote avanza.
2.- El agua de la tetera hierve a 100 grados celcius y sale vapor.
3.- Se ven las negras nubes y de pronto comienza a llover.
4.- Un par de horas el agua en el congelar sale en cubos.
5.- Una semilla se planta en la tierra y se riega, después de algunas semanas aparece una planta.
6.- La plancha le quitó las arrugas a la camisa.
7.- Del tubo de escape de un automóvil sale humo negro.
8.- Siempre voy al baño, a las tres horas de haber consumido mi comida.
9.- Cada vez que le hago cariño a mi gatita, esta ronronea.

Causa | **Efecto**

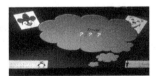

Cuando oigo que un hombre tiene el hábito de la lectura, estoy predispuesto a pensar bien de él.
Nicolás de Avellaneda (periodista argentino).

Lección 14: Cómo inferir conclusiones

Mira el video (Tiempo: 4'5")

Autoevaluación

1.- De acuerdo al video ¿qué quiere decir el término **inferir**?
a) deducir   b) concluir c)adivinar   d) suponer e) predecir
f) todas las anteriores

2.- ¿Qué quiere decir que hay una **conclusión explícita**?

3.- ¿Qué quiere decir que hay una **conclusión implícita**?

4.- ¿Cómo se puede inferir una conclusión?

5.- Coloque en el BM las muletillas que indican en un texto la conclusión explícitamente

Un escrito serio debiera tener una conclusión (aunque no siempre el autor la escribe), ya que la conclusión lo que muestra es un resumen de lo que se habló, el escritor "envuelve" (como dicen los americanos - wrapping-) todas las ideas para no dejar ningún cabo suelto, para que todo lo dicho tenga fundamento y se haya desarrollado completamente. Además, en esta parte puedes reafirmar la tesis, dar tu opinión y entregar consejos o predicciones. (Si no recuerdas nada de esto, remítete al material sobre cómo hacer un ensayo que vimos en el nivel 1 y el nivel 3 de este módulo de Gramática). Generalmente, la conclusión se comienza con alguna de las muletillas que colocaste en el BM del cuadrado anterior.

Si ninguna de estas muletillas o similares las encuentras en el texto, entonces tendrás que **inferir** la conclusión porque no está explícita ¿Qué preguntas podrías hacerte para obtener la conclusión del autor?

Escríbelas aquí:

Lee los siguientes textos y trata de **inferir una conclusión**.

Ejercicio #1

Ganas de embromar

Al principio no quiso creerlo. Después se convenció, pero no pudo evitar el tomarlo a la chacota. El ruidito (a veces como de fichas que caían otras como un sordo zumbido) era inconfundible para oídos expertos. Armando no sabía el motivo, pero la verdad era que su teléfono estaba intervenido. No se sentía honrado ni perseguido; simplemente, le parecía una idiotez. Nunca había podido conciliar el sentido importante, misterioso, sobrecogedor, de la palabra espionaje, con un paisito tan modesto como el suyo, sin petróleo, sin estaño, sin cobre, a lo sumo con fruta que, por distintas razones, no interesaban al lejano Norte, o con lanas y carnes que figuraban entre los rubros considerados por los técnicos como productos concurrentes. ¿Espionaje aquí, en este Uruguay de 1965, clase media y burócrata? ¡Vamos! Sin embargo, le habían intervenido el teléfono. ¡Qué ganas de embromar! Después de todo, el contenido de sus llamadas telefónicas no era mucho más confidencial que el de sus artículos. (...) Cuando lo llamaba Barreiro, que era el único que estaba en el secreto, decían deliberadamente chistes agresivos contra los Estados Unidos, o contra Johnson o contra la CIA. (...) Después, cuando se encontraban en el café, se divertían de lo lindo y se ponían a tramar el libreto para el día siguiente (...)

Había telefoneado Maruja y estaba hablando de esos temas que suele tocar una novia que se siente olvidada y al margen. "Cada vez me das menos corte". "Cuánto tiempo que no me llevas al cine" "Supongo que tu hermano atiende mejor a Celia". Por un instante, él se olvidó del espionaje.

- Hoy tampoco puedo. Tengo una reunión ¿sabés?

- ¿Política? - preguntó ella.

Entonces en el teléfono sonó una carraspera y enseguida otras dos. La primera y la tercera largas; la del medio más corta.

- ¿Vos carraspeaste? - preguntó Maruja.

Armando hizo rápidos cálculos mentales.

- Sí, contestó.

Aquella triple carraspera era en realidad la primera cosa emocionante que le ocurría desde que su teléfono estaba intervenido (...)

Maruja tenía razón. Celia era bien atendida por su hermano. Pero Tito era de otra pasta. Armando siempre lo había admirado. Por su orden, por su equilibrio, por su método de trabajo, por la corrección de sus modales. Celia, en cambio, se burlaba a menudo de su pulcritud y, a veces en broma reclamaba alguna foto de cuando Tito era un bebé. "Quiero comprobar - decía- si a los 6 meses ya usaba corbata".

A Tito no le interesaba la política. "Todo era demasiado sucio", rezaba su estribillo. Armando no tenía inconveniente en reconocer que todo era demasiado sucio, pero aun así le interesaba la política. (...) Tito era el gran ejemplo de la familia.

La triple carraspera (larga, corta, larga) volvió a aparecer en tres o cuatro oportunidades más. (...)

– Mejor vamos a suspender lo de las bromas telefónicas.

– ¿Y eso?

– Simplemente, me aburrí.

Barreiro las seguía encontrando muy divertidas, pero no insistió.

La noche que aprendieron a Armando no había habido ningún desorden ni estudiantil ni sindical. Ni siquiera había ganado Peñarol. La noche estaba en calma. (...) Esa misma noche lo interrogaron dos tipos, cada cual es su especialidad: uno, con estilo amable, cordial, campechano; el otro, con expresiones patibularias y modales soeces.

- ¿Por qué dice tantas inconveniencias por teléfono? Preguntó el amable(...)
- El otro , en cambio, fue al grano.
- ¿Quién es Beltrán?
- El Presidente del Consejo.
- Te conviene no hacerte el estúpido. Quiero saber quién es ese al que vos y el otro llaman Beltrán.
- Era solo una broma.
- ¿Ah, sí? - dijo el grosero- Mirá, esta va en serio.
- La trompada le dio en media nariz. Sintió que algo se le reventaba y no pudo evitar que los ojos se le llenaran de lágrimas. Cuando la segunda trompada le dio en la oreja, la cabeza se le fue a la derecha.
- No es nadie - alcanzó a balbucear- Pusimos nombres porque sí. Para tomarles el pelo a Uds.
- La sangre le corría por la camisa (...) Esta vez el tipo le pegó con la mano abierta, pero con más fuerza que antes (...) Después vino el rodillazo en los riñones (...)
- Déjalo - dijo entonces el amable- Déjalo, debe ser cierto lo que dice.

La voz del hombre sonaba a cosa definitiva, a decisión tomada. Armando pudo respirar. Pero inmediatamente se quedó sin fuerzas y se desmayó.

En cierto modo, Maruja fue la beneficiaria indirecta del atropello. Ahora estaba todo el día junto a Armando. Lo curaba, lo mimaba, lo besaba (...) Armando abrió los ojos y allí estaban todos: el padre, la madre, Barreiro, Tito, Celia.

- ¿Cómo hiciste para no hablar? Preguntaba Barreiro, y él volvía a dar la explicación de siempre: que había sido solo unos cuantos golpes, eso sí bastante fuertes. Lo peor había sido el rodillazo (...) En el diario - dijo el padre- me dijeron que la Asociación publicará una nota de protesta.
- Mucha nota, mucha protesta - se indignó Barreiro - pero a este nadie le quita las trompadas (...)
-

Detrás de Barreiro estaba Tito, más callado que de costumbre. De pronto, Maruja reparó en él.

- Y vos ¿qué decís ahora? ¿Seguís tan ecuánime como de costumbre?

Tito sonrió antes de responder calmosamente.

– Siempre le dije a Armandito que la política era una cosa sucia.
–

Luego carraspeó. Tres veces seguidas. Una larga, una corta, una larga.

(Extracto del libro "La muerte y otras sorpresas" de Mario Benedetti)

Infiere la conclusión:

Ejercicio #2

¡La tercera guerra ha terminado!   ¿Alguien me escucha?

(Microcuento de Ximena Cornejo E. El Mercurio, Santiago de Chile, 1990)

Infiere la conclusión de este microcuento:

Ejercicio #3

Silvia recogía rápidamente su ropa que estaba en el closet y la ubicaba en la maleta sobre la cama. Se decía a sí misma: " Todo va a estar bien". De pronto se abrió la puerta y su marido apareció. -Tenemos que irnos - le dice agitadamente y casi en un susurro. Ella le contesta con desgano: ya lo sé. Cierra la maleta y salen apresurados.

Se ubica en el lado del copiloto, mira por el espejo de su derecha e inhala profundamente. Otro hotel que dejamos atrás, piensa en voz alta. Sus labios se crispan y no sabe cuánto tiempo va a aguantar esta situación. Sabe que su marido necesita ayuda. Sí, le urge porque ya lo han perdido todo: su linda casa en Chicago, el trabajo de CEO que el tenía y que les daba un ingreso más que holgado, las amistades influyentes y sus vacaciones en hoteles de 5 estrellas... y ahora solo les alcanza para hoteles de dudosas constelaciones. Él solo los elige por el casino... y en cada uno siempre con la esperanza que se va a recuperar y que ahora sí va a ganar. Realmente, ya estaba hastiada de todo. Creía que el viejo dicho: "Contigo pan y cebolla". no iba con ella. Necesitaba un lugar estable, quería un trabajo honrado. Ya no le importaba qué dijeran sus amigas, ¡Bah, total qué importaba! Si cuando supieron que estaban en bancarrota, todas desaparecieron como si hubiera tenido una enfermedad contagiosa.

Tan ensimismada estaba en sus pensamientos que no se dio cuenta que una patrulla los seguía hasta que escucho la sirena. Miró por el espejo de su derecha, inhaló profundamente, pero esta vez respiró aliviada.

Infiere la conclusión:

Ejercicio #4

Refugio

– Y cuando el último huemul estaba en peligro de extinción, buscó nuestro símbolo patrio, nuestro escudo chileno para protegerse, pero todo fue inútil

(Ximena Cornejo E. Microcuentos ' Por un zapato roto". Editorial Ergo Sum. Santiago de Chile

Infiere la conclusión:

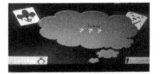

Lección 15: Cómo hacer una lectura crítica

Mira el video Tiempo: 4'19"

Una vez leído el texto no solo basta con obtener la IP e inferir las conclusiones. También debemos hacer una lectura crítica.

Autoevaluación

1.- De acuerdo al video, ¿qué quiere decir una lectura crítica?

2.- ¿Qué es un pensamiento crítico?

3.- ¿Qué es una falacia?

4.- ¿Qué significa evaluar un texto?

5.- ¿Qué quiere decir que un critero debe usar parámetros objetivo?

6.- ¿Qué es el criterio subjetivo?

7.- ¿Qué debemos tener en cuenta con respecto a un hecho para no confundirnos?

8.- ¿Qué es un juicio de valor?

9.- ¿Por qué hay que tener presente si el autor está emitiendo juicios de valor?

10 .- Coloca en el BM las preguntas que debieras hacerte para hacer una lectura crítica:

BM

Ejercicio #1

El I Congreso de Tecnologías Emergentes reunirá a los máximos exponentes nacionales de la industria 4.0 que expondrán sus experiencias para generar sinergias y colaboraciones de calidad.

El encuentro, promovido por la Asociación de Empresas de Consultoría Terciario Avanzado (AECTA), la Federación Empresarial Metalúrgica Valenciana (FEMEVAL) y Universitat Politècnica de València (UPV) se celebra los días 21 y 22 de noviembre en la Ciudad Politécnica de la Innovación.

El lema "Meet the Players" resume el objetivo de este foro: dar a conocer los últimos avances en cuanto a las **tecnologías disruptivas** aplicadas a la industria que conforman lo que se llama el ecosistema 4.0 y hacerlo de la mano de quienes están llevando a cabo esta cuarta Revolución Industrial. Este I Congreso reúne, por tanto, a la élite de los desarrolladores de Tecnologías Emergentes y a los responsables de operaciones industriales que están aplicando esta transformación en sus compañías.

Directivos de destacadas firmas como Dionisio Campos, de Ford España; Ángel García, de Grupo Sonae Arauco; Ramón Debón, de Colorker; Patricio Valverde, de Estrella de Levante; Andrés Cortijos, de El Lobo, y Jorge Vicuña, de SRG Global, expondrán en el coloquio "Casos de Uso de tecnologías emergentes implantadas en la Industria" cómo se ha llevado a cabo con éxito la implantación de las tecnologías emergentes en sus compañías. Y explicarán cómo gracias al Internet de las cosas (IoT), los drones o la inteligencia artificial se puede prever cuando se romperá una máquina de la línea de montaje o garantizar un producto final con cero errores.

Por su parte, representantes de los gobiernos de la Comunidad Valencia, Murcia, Castilla y León y Cataluña plantearán en el debate "Políticas para el fomento de tecnologías emergentes en las Comunidades Autónomas" las claves que les han llevado a convertirse en líderes autonómicos en la implantación de la Industria 4.0 e instituciones como el CDTI o REDIT explorarán los mecanismos existentes para transferir con éxito el conocimiento, desde sus generadores hasta las empresas, en la mesa redonda "El reto de la transferencia tecnológica Universidad-Empresa ante las tecnologías emergentes".

El 'evangelista tecnológico' Javier Sirvent llevará a cabo la conferencia inaugural de este evento. Con el título "YouTube Trabajo: Ecosistemas 4.0, renovarse o morir", en ella describirá el apocalíptico futuro que aguarda a las empresas que no apuesten por la digitalización y la transformación.

También participarán ingenieros y científicos de reconocido prestigio internacional, como Teresa Álvarez, product manager de BigMl -empresa líder a nivel mundial en el ámbito de machine learning as a service- y Hugo Giralt, fundador de Propelland -un estudio de diseño estratégico nacido en San Francisco-. Mientras que José Manuel Leceta, director de Red.es, y Begoña Cristeto, secretaria general de Industria y de la Pequeña y Mediana Empresa del Ministerio de Economía, Industria y Competitividad, analizarán las políticas públicas para la implantación y el desarrollo de un ecosistema innovador.

El foro también será el escenario para dar a conocer proyectos relacionados con la industria conectada. Por ejemplo, la Fundación INCYDE presentará la red de incubadoras de alta tecnología que va a poner en marcha y que, con una inversión inicial de 35 millones de euros, pretende impulsar la innovación de **micropymes** en diferentes sectores productivos y dinamizar el ecosistema español de **startups**.

El congreso está dirigido a empresas, centros de investigación y expertos relacionados con la mecanización y la industria y contará con tres ámbitos de interacción. Por un lado se desarrollarán las ponencias científico-técnicas, que contarán con un tiempo de intervención para el público, y las mesas de debate, moderadas por un experto en la materia. Por otro, habrá un espacio de networking donde compartir experiencias y crear oportunidades de negocio; y, además, existirá una zona de exposición con stands.

El I Congreso de Tecnología Emergentes para Ecosistemas 4.0 reunirá a 300 profesionales que conforman la vanguardia de la implantación de la Industria 4.0 en España. Como explica Nuria Lloret, presidenta de AECTA e impulsora del evento, *"vamos a generar encuentros y colaboraciones de calidad. Vamos a propiciar relaciones entre 300 profesionales de diferentes ámbitos tecnológicos, pero convergentes que harán contactos con resultados en el muy corto plazo"*.

Los organizadores han contado con Fom Asesoramiento Tecnológico, consultora valenciana referente nacional en Industria 4.0, como partner estratégico del evento. La firma ha sido la encargada de diseñar el programa de ponencias y mesas redondas.

(Fuente de información:Extracto de https://industria40blog.com/congreso-tecnologias-emergentes-industria-4-0/ Industria 4.0 Blog de noticias y tendencias)

Ahora haremos una lectura crítica, es decir, analizaremos la información recien leída, iremos contestando las preguntas y para ello debemos leer parte por parte, teniendo en mente las preguntas que nos debiéramos hacer para leer críticamente (las mismas preguntas que colocaste en el BM).

1.- ¿Cuál es la IP del texto ?

2.- ¿Cuál es el objetivo de la reunión/foro?

3.- Utilice un buscador de internet y escriba el significado del termino **tecnologías disruptivas:**

4.- Según su criterio ¿el escritor está siendo imparcial(neutral) o parcial?

5.- ¿Cuál es la fuente de información?

6.- ¿Qué son las **micropymes** y **startups**? Si nunca has escuchado hablar de ellas, utiliza un buscador de internet para averiguarlo.

7.-¿Qué quiere decir el término **tecnologías emergentes**?

a) técnicas de emergencia

b) nuevas ciencias aplicadas

c) tecnologías orientadas a la gente

d) ninguna de las anteriores

8.- ¿Cuál es el objetivo del texto?

 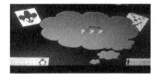

La lectura es a la mente lo que el ejercicio al cuerpo.
Joseph Addison (Dramaturgo inglés).

Ejercicio #2

El Grupo Volkswagen y Google anunciaron en la conferencia "Web Summit 2017" de Lisboa una colaboración integral en investigación en el campo de la computación cuántica.

Las dos compañías explorarán juntas el uso de los ordenadores cuánticos, con el objetivo de acumular conocimiento especializado y llevar a cabo investigaciones orientadas a la práctica. Como parte de esta colaboración, un equipo conjunto formado por especialistas de Volkswagen y de Google trabajará utilizando un ordenador cuántico de Google. Los ordenadores cuánticos pueden resolver ciertas tareas altamente complejas de forma considerablemente más rápida que los súper ordenadores convencionales. En algunos casos, solo se podrá encontrar la solución a determinadas situaciones mediante ordenadores cuánticos.

Con el ordenador cuántico de Google, el Grupo Volkswagen IT quiere hacer progresos en tres áreas de desarrollo. Los especialistas buscan continuar el desarrollo en la optimización del tráfico, explorar estructuras para nuevos materiales, especialmente baterías de alto rendimiento para vehículos eléctricos, y trabajar en inteligencia artificial con nuevos procesos de aprendizaje automatizado.

Martin Hofmann, CIO (Chief Information Officer) del Grupo Volkswagen, afirma: "La tecnología de computación cuántica abre nuevas dimensiones y representa la vía más rápida para los desarrollos orientados al futuro. En Volkswagen queremos estar entre los primeros en usar informática cuántica para procesos corporativos una vez esta esté disponible comercialmente. Gracias a nuestra cooperación con Google, hemos dado un gran paso hacia este objetivo".

Hartmut Neven, Director del Laboratorio de Inteligencia Artificial Cuántica de Google, apunta: "Volkswagen tiene un enorme conocimiento a la hora de resolver problemas de ingeniería importantes y aplicables a la vida real. Para nosotros, es un honor colaborar para determinar el modo en que la informática cuántica puede marcar diferencias en la industria del automóvil".

Está colaboración se centrará en la investigación para aplicaciones prácticas. Los especialistas de los Centros de Tecnología de la Información de Volkswagen (IT Labs) en San Francisco y Múnich desarrollarán algoritmos, simulaciones y optimizaciones junto a los expertos de Google. Su trabajo se llevará a cabo usando los ordenadores cuánticos universales de Google. Esta arquitectura es apta para muchas operaciones experimentales de informática.

Grupo Volkswagen TI quiere explorar el potencial de estos ordenadores cuánticos en varias áreas diferentes. En el primer proyecto, los especialistas de Volkswagen están trabajando en un mejor desarrollo de la optimización del tráfico. Están trabajando a partir del proyecto de investigación que ya completaron con éxito, y ahora quieren considerar variables adicionales además de reducir los tiempos de viaje. Ello incluye sistemas de guía de tráfico urbano, estaciones de carga eléctrica disponibles o plazas libres de estacionamiento.

En un segundo proyecto, los especialistas de Volkswagen buscan simular y optimizar la estructura de baterías de alto rendimiento para vehículos eléctricos y otros materiales. Los expertos en **I+D** del Grupo Volkswagen esperan que este enfoque brinde nueva información para la construcción de vehículos y la investigación de baterías.

El tercer proyecto concierne al desarrollo de nuevos procesos de aprendizaje automatizado. Esta es una tecnología clave para el desarrollo de sistemas de inteligencia artificial avanzados, los cuales son una condición indispensable para la conducción autónoma.

El Grupo Volkswagen es la primera compañía automovilística del mundo que trabaja intensamente en la tecnología de la informática cuántica. En marzo de 2017, Volkswagen anunció su primer proyecto de investigación completado con éxito mediante un ordenador cuántico: un optimizador de flujo de tráfico para 10.000 taxis en Beijing, capital de China.

(Fuente: Extracto de Volkswagen Media)

1.- ¿Cuál es la IP del texto?

2.- ¿Cuál es el objetivo que Volkswagen y Google se unan?

3.- ¿Cuál es la diferencia entre computadores convencionales y computadores cuánticos?

4.- ¿Cuáles son las tres áreas de desarrollo que el Grupo Volkswagen IT trabajará con el ordenador cuántico de Google?

5.- ¿Por qué Hartmut Neven, Director del Laboratorio de Inteligencia Artificial Cuántica de Google dice que es un honor colaborar con Volkswagen?

6.- ¿Cuáles son los elementos prácticos sobre los cuales trabaja el primer proyecto?

7.- ¿Qué quiere decir las siglas **I+D ?**

8.- ¿Por qué el desarrollo de nuevos procesos de aprendizaje automatizado es clave para el desarrollo de sistemas de IA?

9.- ¿En qué consistió el primer proyecto de investigación completado con éxito por la Volkswagen donde se utilizó un computador cuántico?

10.- ¿Cuál es la fuente de información ?

11.- De acuerdo a tu criterio y a lo estudiado en la clase, ¿piensas que el texto está sesgado o es un documento completamente imparcial? Da tus argumentos y desarróllalos.

Adquirir el hábito de la lectura es construirse un refugio contra casi todas las miserias de la vida.
William Somerset Maugham
(Escritor británico)

Ejercicio #3

El siguiente texto es un resumen del documental "Antes del Diluvio" realizado por Leonardo Di Caprio, Embajador de la Paz para el cambio climático en las NU, y el National Geographic (2017).

La primera declaración extraída de los archivos televisivos es del locutor ancla de noticias del canal de televisión norteamericano Fox News diciendo: "(...) un cambio climático que no existe".

La voz en off del actor mostrando escenas de sus investigaciones: "Si queremos pelear contra el cambio climático, debemos saber que la mayoría de nuestra economía se basa en combustibles fósiles (carbón, petróleo y gas natural). El petróleo influye en el transporte y el carbón y gas en la electricidad. Se remueven montañas por carbón, se taladra por gas natural y perforación petrolífera costa afuera y arena bituminosa que es la forma más devastadora de producir combustibles fósiles. Eliminan enormes bosques, el agua en ríos es envenenada y eso tiene gran impacto en la vida salvaje y comunidades nativas y se requiere una gran cantidad de energía solo para llenar nuestros tanques de combustibles. No existe un combustible fósil limpio. Grandes empresas como Exxon y Shell tienen minas de arena bituminosa que abarcan unos 70 kilómetros". (Imágenes muestra el trabajo que hacen las máquinas para extraer el petróleo de ellas).

El vicepresidente Al Gore le dijo en una entrevista a Di Caprio que el calentamiento global era el asunto más importante de nuestra época. Todas nuestras formas de transportarnos, la manera en cómo producimos nuestra comida, la forma cómo construimos ciudades, la energía, todo genera dióxido de carbono (CO_2) y todo ello lleva al cambio climático. Los polos se derretirán, los océanos comenzarán a crecer, los bosques se quemarán, habrá inundaciones y sequías. Estamos quemando tanto combustible fósil que el hielo se derrite y en el año 2040 no habrá hielo y podrás navegar por el Polo Norte. El Ártico es como el aire acondicionado para el hemisferio norte, si desaparece, eso cambiará las corrientes, cambiará los patrones climáticos, causará inundaciones, sequías... será catastrófico.

El presidente Clinton dijo en su período presidencial (1993-2001) que el cambio climático tomará mucho tiempo y que ahora se ve abstracto.

Pero si seguimos así, Groenlandia va a desaparecer. El sur de Florida podría ser tragado por los crecientes mares.

Philip Levine, Alcalde de Miami Beach, basó su campaña en el calentamiento global. Dice que no tenemos la libertad ni el tiempo para debatir el cambio climático. En Florida se produce el llamado día inundado soleado, está soleado y de pronto hay agua saliendo por las calles. Al aumentar el nivel del mar, el agua sale por los drenajes. Se pregunta: ¿Cómo lo prevenimos? Empezamos poniendo bombas, las vamos a construir por toda la ciudad y vamos a elevar las vías, es un proyecto de 400 millones de dólares por toda la ciudad y se pagan con los impuestos...y compra tiempo por unos 40 o 50 años. La gente pregunta: "Alcalde: y después ¿qué pasará? ". Tenemos que hallar soluciones. Por desgracia tenemos un gobernador y un gabinete que no creen que esto es un asunto grave. A los oficiales se les prohibió usar las palabras "cambio climático", esta política empezó en el 2011 cuando Rick Scott (Gobernador por Florida desde el 2011- republicano-) llegó al cargo. "Nadie quiere hablar del cambio climático dice el Alcalde, en especial nuestro senador por Florida Marco Rubio (republicano), quien no cree que exista un cambio climático y a quien no le interesa ayudar a nuestro estado. Yo esperaba que nos diera fondos federales para hacer nuestras ciudades viables". Rubio dice: "Yo no creo que la actividad humana esté causando cambios climáticos a nuestro clima de la forma que esos científicos la retratan". El Alcalde cree que hay oposición porque es política, cree que tiene que ver con el cabildeo y la industria. Agrega: "Pero el océano no es republicano ni demócrata, solo sabe crecer".

Dice el político Ted Cruz (republicano) que en los últimos 17 años no ha habido un calentamiento importante registrado.

Donald Trump en forma sarcástica en un discurso dijo : "Se supone que hay 21 grados, está helando aquí, hablando de calentamiento global ¿dónde está? Necesitamos calor."

Dr. Michael Mann cuenta que el 97% de los científicos climáticos aceptan que el globo se está calentando y es debido a la quema del combustible fósil y otras actividades humanas. "Por desgracia nos encontramos frente a una fuerte campaña de desinformación para confundir al público".

Las noticias en Fox News declaran: "Hemos visto en los informes satelitales que en realidad no hay un importante calentamiento desde 1998. No hay calentamiento y se agrega - se ha enfriado".

Aparece la imagen de otro locutor que exclama: "Si en verdad crees que el calentamiento global es el problema más serio que enfrentamos, eres el ser más estúpido sobre el planeta".

El 18 de diciembre del 2009 en el Wall Street Journal, el periodista Patrick J. Michaells difamó al Dr. Mann. El doctor señala que: "En Fox News hacen mofa de mí, diciendo que yo soy un fraude y me llaman charlatán estadístico". El congresista republicano Joe Barton dice del Dr. Mann: "Lanza spaghetties a la pared y donde caiga es lo que pone en la gráfica".

A raíz de estas declaraciones, el Dr. Mann recibió amenazas de muerte y un sobre con polvo blanco que el FBI tuvo que investigar. "Recibí amenazas contra mi familia. Esos tipos sabían que no podían ganar un legítimo debate científico. Solo querían dividir al público y todo ese odio era financiado por unos cuantos intereses económicos, como los hermanos Koch e industrias como Exxon Mobil, Chevron, Bp, Valero, Shell" y agrega que los hermanos Koch financian una gran cámara de eco para negar el cambio climático. Nick Loris de Heritage Foundation declara en televisión (Fox News) : "La verdad es que muchos climatólogos creen que la ciencia no está lista". Otros dicen en televisión que el calentamiento global es ilusorio. La mayoría de las declaraciones aparecen en FOX News. Cato Institute, ALEC American Legislative Exchange Council, Fraser Institute, American for Tax Reform ATR, The heartland Institute American for Prosperity son grupos fachadas fundados por intereses corporativos. Por ejemplo, esta última es fundada por los hermanos Koch quienes tienen intereses en las industrias de combustibles fósiles. James Inhofe (R), presidente para el medio ambiente en el Senado, siendo el congresista más prominente, niega el cambio climático. Dice Inhofe: "El calentamiento global es el engaño más grande que se ha hecho al pueblo americano".

Los congresistas republicanos no pueden aprobar ningún proyecto medioambiental porque está controlado por fondos de combustibles fósiles que niegan el cambio climático y bloquean cualquier ley que intenta lidiar con este problema. Hemos sabido de este problema por décadas, por más de 50 años, recalca Di Caprio.

China sobrepasó a los EEUU como la contaminadora número uno en el mundo. La gente en verdad quiere ser parte de la solución en China. Los asuntos ambientales se convirtieron en la mayor razón para protestas masivas. Queremos exigir responsabilidades y que las industrias sean transparentes para las personas y llevarlas al escrutinio público. Un científico ambientalista chino plantea: "He creado una aplicación para que la gente vea las empresas que no cumplen con la reglas y así poder presionarlos. Los medios han ayudado mucho y hablan constantemente sobre el problema ambiental. Si la gente tiene acceso a los datos se le da poder y el apoyo popular ayuda al crecimiento ecológico. Como resultado el gobierno chino cambió su plan por energía renovable (eólica y solar)".

En la India dicen: necesitamos de gente que crea que el cambio climático es algo real y no producto de la imaginación. EE.UU. es el país con más emisión de gases invernaderos en la historia y no hay duda que todos nos hemos beneficiados de los combustibles fósiles.

No será cuando todas las islas estén bajo agua, será mucho antes y ya está sucediendo. Hay grandes inundaciones. Hemos reubicado a gente, pero tenemos que aceptar que no todos tendrán esa posibilidad. Hemos hecho un daño increíble, hemos arruinado el sistema marino, un lugar que solía estar lleno de peces, revirtiendo medio millón de años de evolución. Varios millones de personas dependen de la pesca en los arrecifes de coral, la pérdida de esto causa hambruna. En los últimos 30 años se ha perdido el 50% de los arrecifes de coral. Los mares recogen 1/3 del CO_2 que arrojamos a la atmósfera, es una fuerza estabilizadora, pero el problema es que el océano no puede hacer este trabajo lo suficientemente rápido. Estamos eliminando los ecosistemas que ayudan a estabilizar el clima: así como los océanos, las selvas tropicales almacenan el carbono en sus hojas y troncos. Así que están limpiando nuestro aire hasta que le prendemos fuego. Indonesia es uno de los países más corrupto, las industrias sobornan al gobierno para que les dé permiso para quemar los bosques, entonces plantan palmas para obtener aceite que es el más barato para producir muchos de los alimentos de comida rápida ("fast food"). La quema de árboles emite inmensas cantidades de CO_2.

"Si quieres hacer algo que no involucre al gobierno, puedes empezar por cambiar tu dieta" dice Gidon Eshel (PH D): "La principal deforestación de todos los bosques tropicales es la carne y la carne es uno de los recursos más ineficientes en el planeta. En EEUU el 47% de la tierra es usado para producir alimentos y de eso el 70% es utilizado para cultivar alimento para ganado. Las cosas que realmente comemos como fruta, vegetales, nueces es solo un 1%. Las vacas producen metano y lo hacen comiendo lo más que pueden y cuando comen lo eruptan por la boca y el metano es un poderoso gas invernadero y se va a la atmósfera y es más impactante que el CO2, cada molécula de metano equivale a 23 moléculas de CO2. El metano existente en la atmósfera es debido al ganado. En los EEUU el 10 o 12 % de emisión de metano es debido a la carne, es más, si cambias tu dieta de res a pollo ayudará. El pollo necesitaría solo el 20% de la tierra y produce solo el 10% de gas invernadero. Incluso, si se reduce el consumo de carne a la mitad sería un gran e importante efecto".

Toda la biodiversidad será diferente en tan solo una generación. Leonardo Di Caprio declara: "Necesitamos construir todo diferente. Buscar diferentes fuentes de energía y peleamos con poderosos intereses de las industria del combustible fósil que solo quiere hacer negocios".

Elon Musk (fundador de Paypal, SpaceX, Tesla, OpenAI, Neuralink y Tesla Gygafactory) dice que la industria de combustible fósil tiene más dinero y más poder en todo el mundo y el hecho científico es que vamos directo a crear daño. Mientras más pronto actuemos menos daño habrá. El objetivo de la gygafábrica es disminuir el costo de las baterías para que las baterías sean costeables. Las baterías son críticas para la futura energía sustentable. Las baterías sirven para cuando el sol no brille. Las ventajas de la energía solar y las baterías es que puedes evitar construir plantas de energía eléctrica. Podrías estar en una aldea remota con paneles solares que cargan baterías y eso proveen de electricidad a toda la aldea, sin tener que poner miles de cables de alta tensión para proveer de electricidad como pasó con las líneas telefónicas, ahora todos tienen celular. Si se hacen los cálculos para hacer la transferencia de energía eléctrica a energía solar, necesitarías tan solo 100 gygafabricas. Pero Tesla no podría fabricar las 100 fábricas, pero si las grandes empresas de EE.UU., China y otros países. Si las grandes empresas de automóviles lo hicieran colectivamente y, además, los gobiernos crearan las leyes para regular a favor de esta energía sustentable, se podría hacer muy rápido.

La única forma de poder hacer esa transición es poniendo un impuesto al carbón.

Gregorio Mankiw, profesor de Economía de Harvard dice: "Poner un impuesto al carbón, gravaría todas las actividades relacionadas con el carbón y, por ende, elevas el precio, al elevar el precio, consumirías menos. Trabajo con muchos republicanos influyentes: John Mc Cain, Mitt Romney, George W. Bush; y en el período de Bush, era presidente del Consejo de Asesores Económicos. Gravar el carbón nos guía hacia la dirección correcta. Pero no se hizo en el gobierno de Bush porque los políticos no hacen lo que los profesores quieren. Tomemos el caso de Obama, él no estaba de acuerdo con los matrimonios gays y nos lo dijo durante su campaña, pero cuando las encuestan hablaban de que (la gente) estaba a favor, él cambió de opinión. Entonces, debemos abogar por la gente, cuando ella esté convencida, los políticos se alinearán muy rápido".

George Bush (padre) estuvo en la convención en Río y habló del liderazgo de los EEUU con la intensión de extender ese liderazgo.

Di Caprio aclara que hemos tenido cumbre tras cumbre, pero se ve muy poca acción.

John Kerry (demócrata) afirma que la convención en París para el cambio climático es diferente. Lo importante es que los líderes de las economías más grandes del mundo y con mayores índices de contaminación como lo son EEUU (Obama) y China (Xi Jinping) están de acuerdo y eso es muy importante porque crea un gran impulso. El problema es que mucha gente se está moviendo a raíz del cambio climático. Hay enormes problemas por la escasez de agua.

Johan Rockstrom, profesor de ciencia ambiental de la Universidad de Estocolmo, plantea que estamos llegando al límite de lo que este planeta puede soportar. Él pertenece al grupo Liga Terrestre, un grupo de científicos que pretende reunir toda la información que se conoce y entender el futuro en la Tierra, y se pregunta cómo podemos crear un futuro próspero. Estamos a un promedio de 4 grados de calentamiento en este siglo y no hemos estado en un promedio de 4 grados de calentamiento mundial en los últimos 4 millones de años. Durante los últimos 12 mil años las temperaturas habían estado bastante estables y varían solo en menos de un grado celsius en todo ese período. Los efectos son de inundaciones, sequías, los arrecifes de coral están colapsando. Tenemos olas de calor que harán que en regiones del mundo no sean habitables. La agricultura colapsará alrededor del Ecuador, lo que impedirá alimentar a la humanidad. Lo que pone nervioso a los científicos es que la Tierra se haga cargo, es lo que llamamos punto clave y el punto clave más obvio es Groenlandia, todo el hielo se está derritiendo. La superficie blanca se vuelve oscura y en vez de ser un congelador se convierte en un calentador. El hielo solo cambia de color. El metano queda bajo la superficie congelada, la derrite al grado que empieza a ser liberado y eso hace que caliente aún más el planeta, lo que libera más metano. Si en la Cumbre en París se reúnen los líderes, se abre una ventana. Ahora en Europa, en países como Francia y Alemania se usa energía sustentable. Dinamarca produce casi el 100% de la energía que necesita del viento. Y si inviertes en energía solar tienes energía gratuita para siempre. La gente en Suecia presionó para que fuera una nación libre de combustible fósil y ello ocurrió.

La Cumbre de París llega a su fin, después de un cuarto de siglo de charlas. Lo bueno de la Cumbre en París es que se aprobó el acuerdo por unanimidad, 195 países están de acuerdo, diciendo que harán todo lo que está en su poder para cambiar. Lo malo es que no hay mención sobre el impuesto al carbón ni mención sobre multas. Solo tendremos que tener fe que todos esos países van a cumplir su palabra. Pero ¿qué tan probable será eso?

Obama dice que no es solo un asunto ambiental, sino que también un asunto de seguridad nacional porque hay mucha gente que vive cerca de los océanos y si en la Antártica se están derritiendo los hielos hará que aumenten los océanos unos 6 metros, lo que será catastrófico.

El astronauta Piers Seller (UK) ha hecho una simulación del planeta y dice: "Los polos se derriten, hay sequía, el nivel de los océanos aumenta. Esa es la realidad, busquemos una salida y se puede salir. Si ya no quemamos combustibles fósiles ahora, el planeta seguirá calentándose hasta enfriarse de nuevo. Se puede hacer mucho. El hielo del Ártico podría incrementarse una vez que empiece a enfriarse. Hay esperanza. Soy optimista. Tengo fe en las personas. Creo que cuando las personas están informadas van y pelean por ello".

El Papa Francisco publicó una encíclica por el medio ambiente donde exige una acción inmediata para detener el calentamiento global y escribe: "Esta es nuestra casa, se está arruinando y eso nos daña a todos". Di Caprio se entrevistó con él y le cuenta que la conferencia en París fue buena, pero no es suficiente y pidió rezar por la raza humana.

La pregunta que se hace Di Caprio es: ¿Podemos cambiar el curso del tiempo? Lo que podemos hacer es controlar lo que haremos después: cómo vivir nuestra vida, lo que consumimos, cómo nos involucramos y cómo usar nuestro voto para asegurar que nuestros líderes sepan que sabemos la verdad acerca del cambio climático.

En su discurso en las NU dijo: "Como Mensajero de la Paz he viajado por todo el mundo en los dos últimos años, he visto ciudades como Beijing ahogada por la contaminación industrial, antiguos bosques boreales en Canadá que han sido arrancados y selvas en Indonesia que han sido incineradas. En India conocí granjeros cuyas cosechas fueron literalmente lavadas. En este país atestigüé el nivel de las aguas inundando las calles de Miami. En Groenlandia y en el Ártico quedé atónito al ver que antiguos glaciales desaparecen rápidamente más allá de las predicciones de los científicos. Todo lo que he visto y he aprendido en mi viaje absolutamente me aterrorizó. Me aterrorizó pensar en la vergüenza que cada uno de nosotros sentirá cuando nuestros hijos y nietos miren atrás y se den cuenta que teníamos los medios para detener esta devastación, pero simplemente faltó voluntad política para hacerlo. Sí, hemos logrado el acuerdo de París. Más países se han reunido para firmar este acuerdo hoy, que por cualquier otra causa en la historia de la humanidad y esa es una razón de esperanza, pero por desgracia la evidencia nos muestra que no es suficiente. Un cambio masivo es requerido enseguida. Uno que lleve a conciencias colectivas, una nueva evolución colectiva de la raza humana inspirada y habilitada por un sentido de urgencia de todos ustedes. Podemos felicitarnos mutuamente hoy, pero no significará absolutamente nada si regresan a sus países y fallan en presionar más allá de las promesas de este histórico acuerdo. Tras 21 años de debates y conferencias es hora de declarar no más charlas, no más excusas, no más 10 años de estudios, y a no permitir a las compañías de combustibles fósiles manipular y dictar las ciencias y políticas que afectan nuestro futuro. El mundo ahora está observando. Uds. serán elogiados por las generaciones futuras o denigrados por ellos.

Uds. son la mejor esperanza de la Tierra. Les pedimos protegerla o nosotros y todas las cosas vivientes que apreciamos serán historia".

(Extraído y trascrito por Ximena Thurman)

Si deseas ver el documental completo, lo puedes encontrar en Youtube

https://www.youtube.com/watch?v=jxifYIlEV_4)

Lectura crítica: Análisis del texto

1.- ¿Cuál es la IP del texto?

2.- ¿Por qué el actor Di Caprio habla de esto?

3.- ¿El actor está siendo imparcial (neutral)? ¿No está tomando partido por nadie?

4.- ¿Está presentando los hechos como son?

5.- ¿Está dando su opinión o está presentando hechos?

6.- ¿Por qué está diciendo esto?

7.- ¿Hacia dónde nos quiere llevar?

8.- ¿De qué quiere convencernos?

9.- ¿De qué tendencia política son la mayoría de los oponentes al cambio climático en los EE.UU.?

10.- ¿Por qué cree que ellos niegan el cambio climático?

11.- ¿Qué se pretende probar en este documental?

12.- ¿El argumento está sustentado por estudios serios o es una falacia?

13.- Si piensa que hay estudios serios, liste las evidencias:

14.- ¿Puede comprobar por Ud. mismo alguna evidencia?

15.- ¿Qué opina sobre la declaración que hizo el expresidente Clinton en su periodo presidencial: "(...) el cambio climático tomará mucho tiempo y ahora se ve abstracto". ¿Está de acuerdo con él? ¿Piensa que le faltó visión? ¿Piensa que está bien/mal informado? ¿Piensa que hay intereses creados en su declaración?

16.- ¿Cuál es la solución que se plantea en el documental?

Practica, practica, practica.

17.- ¿Está o no de acuerdo con lo que plantea Di Caprio? ¿O está de acuerdo con aquellos que dicen que no existe el calentamiento global? ¿Ud. tiene alguna experiencia personal que afecte su punto de vista? ¿Qué piensa al respecto?

18.- Haga una predicción sobre la situación

19.- Si tuviera la oportunidad de hablar con nuestros legisladores, ¿qué les diría al respecto?

20.- De aquí en adelante ¿qué hará Ud. por nuestro planeta?

Lección 16: Literatura - Poesía
Mira el video. Tiempo: 5'4"

En el examen no solo leerás textos de estudio y de no ficción, también te encontrarás con géneros literarios como poesía, literatura clásica, literatura popular, literatura moderna, teatro y comentarios sobre las artes. Aquí haremos ejercicios de ese tipo.

Autoevaluación

1.- ¿Qué es prosa?

2.- ¿Qué es poesía?

3.- ¿Cuáles son las figuras literarias más conocidas en la poesía?

4.- ¿Qué significa comparación?

5.- ¿Qué es una metáfora?

6.- ¿Qué es la Personificación?

7.- ¿Qué es la Reiteración?

8.- ¿Cuál es la diferencia entre reiteración y cacofonía?

9.- ¿Cuántos diferentes tipos de rimas existen?

10.- ¿De qué trata la rima consonante? Da un ejemplo

11.- ¿De qué trata la rima asonante/ Da un ejemplo

12.- ¿De qué trata la rima libre?

Si tuviera que vivir de nuevo mi vida, me impondría la obligación de leer algo de poesía y escuchar algo de música por lo menos una vez a la semana.
Charles Darwin (Científico británico)

Ejercicio #1

Gabriela Mistral (chilena): Fue la primera iberoamericana y ha sido la única mujer de habla hispana en obtener el Premio Nobel de Literatura (1945)

Del nicho helado en que los hombres te pusieron,
te bajaré a la tierra humilde y soleada.
Que he de dormirme en ella los hombres no supieron,
y que hemos de soñar sobre la misma almohada.

Te acostaré en la tierra soleada con una
dulcedumbre de madre para el hijo dormido,
y la tierra ha de hacerse suavidades de cuna
al recibir tu cuerpo de niño dolorido.

Luego iré espolvoreando tierra y polvo de rosas,
y en la azulada y leve polvareda de luna,
los despojos livianos irán quedando presos.

Me alejaré cantando mis venganzas hermosas,
¡porque a ese hondor recóndito la mano de ninguna
bajará a disputarme tu puñado de huesos!

Análisis del poema

1.- Marca con un lápiz, las metáforas que encuentres en el poema.

2.- ¿Existe la figura literaria "comparación" en el poema? Indica dónde

3.- ¿Existe personificación? Indica dónde

4.- ¿Existe reiteración? Indica dónde

5.- Indica qué tipo de rima presenta el poema y márcalas con lápiz de distinto color.

6.- Indica el tono en que está escrito el poema

a) triste   b) irónico   c) vengativo   d) neutral

7.- ¿Qué desea hacer la poetisa?

8.- ¿Qué quiere decir la autora con los versos: "¡porque a ese hondor recóndito la mano de ninguna bajará a disputarme tu puñado de huesos!"

Ejercicio #2

Federico García Lorca (español); Perteneciente a la Generación del 27. El poeta y dramaturgo con mayor influencia en las letras españolas. Fue fusilado en la Guerra Civil Española acusado de ser espía de los rusos y homosexual.

La casada Infiel

Y que yo me la llevé al río
creyendo que era mozuela,
pero tenía marido.

Fue la noche de Santiago
y casi por compromiso.
Se apagaron los faroles
y se encendieron los grillos.
En las últimas esquinas
toqué sus pechos dormidos,
y se me abrieron de pronto
como ramos de jacintos.
El almidón de su enagua
me sonaba en el oído,
como una pieza de seda
rasgada por diez cuchillos.
Sin luz de plata en sus copas
los árboles han crecido,
y un horizonte de perros
ladra muy lejos del río.

Pasadas las zarzamoras,
los juncos y los espinos,
bajo su mata de pelo
hice un hoyo sobre el limo.
Yo me quité la corbata.
Ella se quitó el vestido.
Yo el cinturón con revólver.
Ella sus cuatro corpiños.
Ni nardos ni caracolas
tienen el cutis tan fino,

ni los cristales con luna
relumbran con ese brillo.
Sus muslos se me escapaban
como peces sorprendidos,
la mitad llenos de lumbre,
la mitad llenos de frío.
Aquella noche corrí
el mejor de los caminos,
montado en potra de nácar
sin bridas y sin estribos.
No quiero decir, por hombre,
las cosas que ella me dijo.
La luz del entendimiento
me hace ser muy comedido.
Sucia de besos y arena
yo me la llevé del río.
Con el aire se batían
las espadas de los lirios.

Me porté como quien soy.
Como un gitano legítimo.
Le regalé un costurero
grande de raso pajizo,
y no quise enamorarme
porque teniendo marido
me dijo que era mozuela
cuando la llevaba al río.

Análisis del poema

1.- Marca con un lápiz, las metáforas que encuentres en el poema.

2.- ¿Existe la figura literaria "comparación" en el poema? Indica dónde

3.- ¿Existe personificación? Indica dónde

4.- ¿Existe reiteración? Indica dónde

5.- Indica qué tipo de rima presenta el poema y márcalas con lápiz de distinto color.

6.- Indica el tono en que está escrito el poema
a) erótico   b) desilusionado c) dolido   d) T.A.

7.- ¿Qué quiere decir el autor con los versos: " Me porté como quien soy. Como un gitano legítimo. Le regalé un costurero grande de raso pajizo".

Ejercicio #3

Jose Martí (cubano). Fue deportado dos veces a España por sus ideales nacionalistas. Luchó por la independencia de Cuba. Creador del Partido Revolucionario Cubano.

Cultivo una rosa blanca
en junio como en enero
para el amigo sincero
que me da su mano franca.

Y para el cruel que me arranca
el corazón con que vivo,
cardo ni ortiga cultivo;
cultivo la rosa blanca.

Análisis del poema

1.- Marca con un lápiz, las metáforas que encuentres en el poema.

2.- ¿Existe la figura literaria "comparación" en el poema? Indica dónde

3.- ¿Existe personificación? Indica dónde

4.- ¿Existe reiteración? Indica dónde

5.- Indica qué tipo de rima presenta el poema y márcalas con lápiz de distinto color.

6.- Indica el tono en que está escrito el poema
a) triste   b) irónico   c) vengativo   d) pacífico

7.- ¿Qué quiere decir el autor con los versos: "Y para el cruel que me arranca el corazón con que vivo, cardo ni ortiga cultivo; cultivo la rosa blanca".

Ejercicio #4

Ruben Darío (nicaragüense): Era poeta, periodista y diplomático, considerado el máximo exponente del modernismo hispano.

Caupolicán

Es algo formidable que vio la vieja raza:
robusto tronco de árbol al hombro de un campeón
salvaje y aguerrido, cuya fornida maza
blandiera el brazo de Hércules o el brazo de Sansón.

Por casco sus cabellos, su pecho por coraza,
pudiera tal guerrero, de Arauco en la región,
lancero de los bosques, Nemrod que todo caza,
desjarretar un toro o estrangular un león.

Anduvo, anduvo, anduvo. Le vio la luz del día,
le vio la tarde pálida, le vio la noche fría
y siempre el tronco de árbol a cuestas del titán.

«¡El Toqui, el Toqui!» clama la conmovida casta.
Anduvo, anduvo, anduvo. La aurora dijo: «Basta»
e irguióse la alta frente del gran Caupolicán.

Análisis del poema

1.- Marca con un lápiz, las metáforas que encuentres en el poema.

2.- ¿Existe la figura literaria "comparación" en el poema? Indica dónde

3.- ¿Existe personificación? Indica dónde

4.- ¿Existe reiteración? Indica dónde

5.- Indica qué tipo de rima presenta el poema y márcalas con lápiz de distinto color.

6.- Indica el tono en que está escrito el poema
a) triste   b) irónico   c) vengativo   d) orgullo

7.- ¿Cómo está representado Caupolicán en el poema?

8.- ¿Qué quiere decir el poeta con los versos: " Le vio la luz del día,
le vio la tarde pálida, le vio la noche fría

Ejercicio #5
Pablo Neruda (chileno). Premio Nobel de Literatura 1971.
(Extracto del libro Cien sonetos de amor y una canción desesperada)

Matilde, nombre de planta o piedra o vino,
de lo que nace de la tierra y dura,
palabra en cuyo crecimiento amanece,
en cuyo estío estalla la luz de los limones.

En ese nombre corren navíos de madera
rodeados por enjambres de fuego azul marino,
y esas letras son el agua de un río
que desemboca en mi corazón calcinado.

Oh! nombre descubierto bajo una enredadera
como la puerta de un túnel desconocido
que comunica con la fragancia del mundo

Oh! invádeme con tu boca abrasadora,
indágame, si quieres, con tus ojos nocturnos,
pero en tu nombre déjame navegar y dormir

Análisis del poema

1.- Marca con un lápiz, las metáforas que encuentres en el poema.

2.- ¿Existe la figura literaria "comparación" en el poema?

3.- ¿Existe personificación? Indica dónde

4.- ¿Existe reiteración? Indica dónde

5.- Indica qué tipo de rima presenta el poema y márquelas con lápiz de distinto color.

6.- Indica el tono en que está escrito el poema
a) triste   b) irónico   c) vengativo   d) juguetón

7.- ¿Qué quiere decir el autor con los versos: " Oh! nombre descubierto bajo una enredadera como la puerta de un túnel desconocido que comunica con la fragancia del mundo "

8.- ¿Qué desea hacer el poeta?

Visita las tarjetas relámpagos y los juegos digitales

Lección 17: Literatura-Fábula: Cómo leer textos de Artes del Lenguaje

Mira el video Tiempo: 1'18"

La fábula es un género literario que se caracteriza porque sus personajes, en la mayoría, son animales y dejan una enseñanza o moralejas. Ejemplos conocidos son : "El perro del hortelano" y "La liebre y la tortuga" que nos enseña que no hay que ser egoísta y que no hay que confiarse demasiado, respectivamente. Los personajes son animales, pero adquieren características humanas (son personificaciones). En esta lección se presentan algunas fábulas de Esopo (S.VI a.C.), quien era un escritor griego al que se le atribuye la paternidad de este género de la literatura universal, uno de los relatos más antiguos de la humanidad. ¡Veamos!

Ejercicio #1

La hormiga y el escarabajo

Llegado el verano, una hormiga que rondaba por el campo recogía los granos de trigo y cebada, guardándolos para alimentarse durante el invierno. La vio un escarabajo y se asombró de verla tan ocupada en una época en que todos los animales, descuidando sus trabajos, se abandonan a la buena vida. Nada respondió la hormiga por el momento; pero más tarde, cuando llegó el invierno y la lluvia deshacía las boñigas, el escarabajo hambriento fue a pedirle a la hormiga una limosna de comida. Entonces sí respondió la hormiga:

– Mira escarabajo, si hubieras trabajado en la época en que yo lo hacía y tú te burlabas de mí, ahora no te faltaría el alimento.

¿Qué crees que nos enseña esta fábula? Colócale una moraleja.

Ejercicio #2
El gato y las ratas
Había una casa invadida de ratas. Lo supo un gato y se fue a ella, y poco a poco iba devorando las ratas. Pero ellas, viendo que rápidamente eran cazadas, decidieron guardarse en sus agujeros.

No pudiendo el gato alcanzarlas, ideó una trampa para que salieran. Trepó a lo alto de una viga, y colgado de ella se hizo el muerto. Pero una de las ratas se asomó, lo vio y le dijo:

– ¡ Oye amiguito, aunque fueras un saco de harina, no me acercaría a tí !

¿Qué crees que nos enseña esta fábula? Colócale una moraleja.

Ejercicio #3

La zorra y los racimos de uvas

Estaba una zorra con mucha hambre, y al ver colgando de una parra unos deliciosos racimos de uvas, quiso atraparlos con su boca.

Mas no pudiendo alcanzarlos, se alejó diciéndose:

-- ¡ Ni me agradan, están tan verdes... !

1.- ¿Qué crees que nos enseña esta fábula? Colócale una moraleja.

(Fuente de información de las fábulas: Extracto de www.edyd.com).

Lección 18: Revisando otros géneros literarios.

Mira el video Tiempo: 10'58"

Teatro

El teatro es un género literario, ya sea en prosa o en verso, normalmente dialogado, concebido para ser representado en un escenario y relata una historia. Al igual que un cuento hay un tema que se inicia con una presentación, un nudo o desarrollo y, finalmente, el conflicto que se resuelve. El teatro se inició en la Grecia Antigua (entre los siglos V y VI a.C.) y ha pasado por muchas etapas hasta nuestros tiempos. Al comienzo fue una representación mitológica o una manifestación religiosa (donde los atenienses celebraban los ritos en honor a Dionisio, dios del vino y la vegetación) hasta llegar a ocupar un lugar de entretenimiento en nuestros días. Como toda arte, ha ido evolucionando con el tiempo, pero sobre todo ha ido representando la historia en la cual ha vivido. El primer período se denomina **clásico,** porque comprende el teatro de las civilizaciones antiguas (Grecia y Roma) y las obras están escritas en las llamadas lenguas clásicas como el griego y el latín, donde la música tiene una gran importancia, así como el coro de voces que en muchas obras representa la voz del pueblo. Con la expansión de la República de Roma en el siglo IV A.C., se absorbieron territorios griegos y con ellos, el teatro y la arquitectura teatral griega. El teatro romano no se desarrolló hasta el siglo III A.C., la naturaleza religiosa se perdió y el teatro se convirtió en un entretenimiento y surgió con más fuerza la comedia. Las luchas de gladiadores romanos se organizaban de forma teatral, con una trama superficial, vestuario y decorados. La estructura de las piezas era muy dinámica y del gusto del público, y además solían cantarse muchas partes de la obra. La proliferación del arco como elemento arquitectónico permitió la construcción de edificios y se usaron las colinas para colocar gradas (al estilo teatro griego). El coro redujo su importancia, el decorado era mínimo. A finales del siglo II D.C., el teatro entró en decadencia y fue sustituido por otros espectáculos. La Iglesia Cristiana atacó el teatro romano porque consideraba a los actores libertinos y porque los mimos satirizaban a los cristianos. Con la caída del Imperio Romano (476 D.C.), el teatro clásico decayó en Occidente y resurgió 500 años más tarde. Solo los artistas populares, conocidos como juglares y trovadores en el mundo medieval, sobrevivieron. **Irónicamente**, el teatro en forma de drama litúrgico renació en Europa en el seno de la Iglesia Católica Romana (el llamado **teatro medieval**). La Iglesia Católica adoptó festivales que tenían un marcado carácter pagano y popular con elementos teatrales (incluyendo la misa) como una manera de atraer gente. Algunas festividades se celebraban con actividades teatrales, como las procesiones del Domingo de Ramos. Una obra de las tres Marías y los ángeles en la tumba de Cristo se consideró el origen del **drama litúrgico** (925 D.C.). Este estilo se desarrolló en los doscientos años siguientes a partir de varias historias bíblicas en las que actuaban monaguillos y jóvenes del coro. Con la evolución del drama litúrgico, historias bíblicas como temática se dramatizaba la salvación de la humanidad. Aunque la Iglesia animara los inicios del drama litúrgico como una forma de adoctrinar, el entretenimiento y el espectáculo fueron imponiendo su hegemonía y la Iglesia, nuevamente, receló del teatro. No queriendo renunciar a los beneficiosos de este, cambió la representación al exterior del edificio, realizándose en las plazas de mercado de las ciudades. En el siglo XIV, el teatro, especialmente en la fiesta del Corpus Christi, contaba con hasta 40 dramas. Eran producidos por toda una comunidad cada cuatro o cinco años. Las representaciones podían durar de dos días a un mes. De la producción de cada obra se encargaba un gremio y el tema tenía que ver con su ocupación laboral. Como los intérpretes eran aficionados y analfabetos, las obras se escribían en forma de copla para fácil memorización. Se utilizaban efectos espectaculares; así, la boca del infierno se convertía en un gran despliegue mecánico y pirotécnico. A pesar de su contenido religioso, eran espectáculos de entretenimiento. Se empleaban varias formas de puesta en escena; las más comunes en Inglaterra y en España fueron las carrozas que se movían de una parte a otra de la ciudad. En Francia se empleaban escenarios simultáneos. Durante este período, surgieron obras folclóricas, farsas y dramas pastorales —siempre de autores anónimos— y, por supuesto, persistían varios tipos de entretenimientos populares. Todo esto influyó en el desarrollo de los **autos** durante el siglo XV. Aunque extrajeran trama y personajes de la teología cristiana, los autos diferían de los ciclos religiosos en el hecho de que no se trataba de episodios bíblicos, sino alegóricos, y estaban representados por profesionales como los trovadores y juglares. Los personajes alegóricos incluían figuras que representaban los vicios y las virtudes como la muerte, la gula, las buenas obras, etc. Los versos en rimas eran repetitivos y con una moraleja obvia. La Reforma Protestante puso fin al teatro religioso (S.XVI), y un nuevo y dinámico teatro profano ocupó su lugar, lo que los historiadores llamaron "**Teatro del renacimiento**". Los temas eran laicos, las preocupaciones más temporales y la reaparición de lo cómico y lo grotesco contribuyeron a la nueva forma de hacer teatro. Además, los actores se fueron profesionalizando. El proceso de evolución fue lento, dependiendo del lugar geográfico, las ideas y valores de la época. El teatro del renacimiento tomó una forma totalmente nueva a la que se le llamó **neoclasicismo**. Las primeras obras eran en latín, pero acabaron por escribirse en lengua vernácula. Solían estar basadas en modelos clásicos, derivaba de Aristóteles. Este teatro no evolucionó de las formas religiosas ni de las prácticas populares o dramáticas ya existentes; se trataba de un proceso académico, pero por ser tan erudita no tuvo éxito ni en su época. Sin embargo, algunas obras lograron un éxito considerable y aun se representan en nuestros días, tales como la farsa cínica de Maquiavelo: La mandrágora (1524); y La Celestina del dramaturgo español Fernando de Rojas. El concepto teatral más importante del renacimiento fue la verosimilitud (la apariencia de verdad). No era una copia del mundo real, se trataba más bien de eliminar lo improbable, lo irracional, para destacar lo lógico, lo ideal, el orden moral adecuado y un sentido claro del decoro; por tanto, comedia y tragedia no podían ser combinadas, los coros y soliloquios fueron eliminados, el bien recompensado y el mal castigado, los personajes eran delineados como ideales más que como individuos con sus particularidades. Basándose en un pasaje de Aristóteles, los teóricos crearon reglas estrictas: una obra solo podía contener una trama, la acción debía desarrollarse en un período de veinticuatro horas y en un solo lugar. El descubrimiento de la perspectiva permitió crear la ilusión de profundidad o espacio sobre una superficie plana, se construyeron escenarios que daban la impresión de lugares reales. Aunque la regla exigía una localización única, en la práctica se presentaban escenas alegóricamente pródigas llamadas intermezzi entre cada uno de los cinco actos de la obra; esto exigía cambios de decorados, y así durante los siglos que siguieron se idearon sistemas mecánicos para cambiarlos. Las elaboradas exhibiciones escénicas y las historias alegóricas de los intermezzi, en conjunto con los continuados intentos de recrear la producción clásica, llevaron a la creación de la ópera a finales del siglo XVI. Aunque el primer teatro de corte clasicista tenía un público limitado, la ópera se hizo muy popular. A mediados del siglo XVII, se construyeron grandes teatros de la ópera en Italia; tenían grandes escenarios y proscenios, butacas en forma de herradura, y palcos (cubículos) dispuestos en hileras a lo largo de los muros internos del teatro, creando así espacios privados para sentarse. La visión del escenario desde estos palcos era muy pobre, pero las clases altas acudían al teatro para ver tanto como para ser vistas. Mientras la élite se entretenía con el teatro y el espectáculo de estilo clasicista, el público en general se divertía con la **Commedia dell'arte**, un teatro popular y vibrante basado en la improvisación. A partir de varias formas populares del siglo XVI, compañías de intérpretes cómicos crearon una serie de personajes tipo, como Arlequín o Pantaleón, que eran exageraciones y estilizaciones de criados, locos, amantes, abogados, doctores, etc. Los actores de la comedia se dispersaron por Europa. Las compañías actuaban en las calles y frente a la nobleza. Entre 1550 y 1650 tuvo su máximo apogeo y ejerció su influencia desde el teatro de títeres turco hasta las obras de Shakespeare y Molière. La fuerte influencia italiana en Francia llevó a popularizar representaciones parecidas al intermezzo, que fueron denominados ballets. Molière está considerado como el gran dramaturgo francés. Unos años después de su muerte (1673), su compañía teatral fue fusionada por orden de Luis XIV con otras de París. De esta fusión surgió en 1680 la **Comédie-Française**, la compañía de teatro estable más antigua del mundo aún activa. Los teatros de bulevar y feria tomaron gran auge a lo largo de esta época. El teatro renacentista inglés se desarrolló durante el reinado de Isabel I a finales del siglo XVI. En aquel tiempo, se escribían tragedias académicas de carácter neoclásico que se representaban en las universidades; sin embargo, la mayoría de los poetas isabelinos ignoraban el neoclasicismo o lo usaban de forma selectiva. A diferencia del teatro continental (creado con el objetivo de ser presentado ante un público de élite), el teatro inglés se basó en formas populares, en el vital teatro medieval, y en las exigencias del público, en general. Bajo la influencia del clima de cambio político y económico en la Inglaterra del momento, así como de la evolución de la lengua, dramaturgos dieron lugar al nacimiento de un teatro dinámico y épico que culminó en el variado y complejo trabajo del más grande genio del teatro inglés: William Shakespeare.

Las obras seguían una estructura clásica en lo relativo a actos y escenas; se empleaba el verso intercalado con prosa; se mezclaban tragedia, comedia y pastoral; se combinaban diversas tramas; las obras extendían su acción a través de grandes márgenes de tiempo y espacio; convivían personajes de la realeza con los de las clases bajas; se incorporaba música, danza y espectáculo; se mostraba violencia, batallas y sangre. Los temas de la tragedia solían ser históricos y la historia era utilizada para representar el momento. Las comedias eran frecuentemente pastoriles e incluían elementos como ninfas y magia. Las obras se representaban durante los meses más cálidos en teatros circulares y al aire libre. En los meses más fríos, las obras se montaban en teatros privados para un público de élite. El estilo de interpretación en los principios del teatro isabelino era exagerado y heroico pero, ya en tiempos de Shakespeare, los actores tendieron a estilos más naturales, tal y como se refleja en su Hamlet, con decorados mínimos y localizaciones sugeridas. Tras la muerte de la reina Isabel, el teatro, como reflejo del clima político y social cambiante, se volvió más oscuro y siniestro, mientras que la comedia se tornó más cínica. En 1642 estalló la guerra civil y el Parlamento, bajo el control de los puritanos, cerró los teatros hasta 1660. Durante ese período, la mayoría de los edificios teatrales fueron destruidos. Tras la restauración de la monarquía, se atendió a un pequeño grupo de élite. Se permitió la entrada sobre el escenario a las mujeres por primera vez desde la Edad Media. En las obras se perdió el respeto a las normas neoclásicas. Las comedias eran de costumbres ingeniosas, sofisticadas y con clara carga sexual. El **Siglo de Oro Español** fue representado por su máximo dramaturgo: Lope de Vega, prolífico autor en búsqueda de la diversidad. Su propósito fundamental consistía en enriquecer la escena española, alejándola de las formas dominantes heredadas de los autos religiosos y profanos. La gran variedad de personajes en las obras de Lope convertidos en arquetipo perdurarán en el teatro español, tales como: el caballero, el bobo, el capitán, el gracioso, el Belardo, (figura que muchos analistas consideran un álter ego del autor). A lo largo del siglo XVIII ciertas ideas filosóficas fueron tomando forma y a principios del siglo XIX, se convirtió en un movimiento llamado **romanticismo**. El romanticismo proponía en el plano espiritual que la humanidad debía trascender las limitaciones del mundo físico y el cuerpo alcanzar la verdad ideal. La temática se extraía de la naturaleza y del hombre natural. El mejor ejemplo de teatro romántico es Fausto del dramaturgo alemán Goethe. Basada en la leyenda del hombre que vende su alma al diablo, esta obra retrata el intento de la humanidad por controlar conocimiento y poder en su constante lucha con el Universo. Los románticos se centraron más en el sentimiento que en la razón y glorificaron la idea de artista como genio loco liberado de las reglas. El romanticismo dio lugar a una amplia literatura y producción dramática. Alrededor de 1820, el romanticismo dominaba el teatro en la mayor parte de Europa. Hernaní (1830) de Victor Hugo es considerada la primera obra romántica francesa. El teatro romántico español buscó la inspiración en los temas medievales y presenta a un héroe dominado por las pasiones. Su figura representativa es José Zorrilla (Don Juan Tenorio). Las mismas fuerzas que condujeron al romanticismo también, en combinación con varias formas populares, condujeron al desarrollo del **melodrama**, el género dramático más arraigado en el siglo XIX. El melodrama como literatura es ignorado o ridiculizado por los cultos, porque aporta imágenes de villanos y heroínas muy marcados. Con efectos escénicos espectaculares e interpretación efectista es la base del radioteatro y la televisión. El melodrama es una combinación de comedia y tragedia, todo acompañado de música. Esta característica la vemos en las películas y producciones televisivas, en las que los personajes son identificados a través de la temática; y las emociones del público manipuladas a través de la música. Los melodramas se componen normalmente de tres actos. La trama se centra en torno a un conflicto entre un protagonista virtuoso y un malvado villano (el héroe y el anti-héroe). El héroe salva una serie de dificultades aparentemente insuperables antes del triunfo final. La combinación de una trama compleja e intrincada, fuerte carga emocional, espectáculo y un mensaje moral, hicieron del melodrama un género popular. A lo largo del primer cuarto del siglo XIX, tanto el melodrama como el romanticismo se centraban en hechos históricos o extraordinarios, idealizando al personaje. Sin embargo, en 1930 en Inglaterra, esto dio un vuelco, se enfocaron en cuestiones domésticas y temas más serios. El énfasis pasó del espectáculo y la emoción a la recreación de lo cotidiano. La idea del escenario de caja se puso de moda; un entorno consistente en las tres paredes de un espacio con el objetivo de que el público observe a través de la imaginaria cuarta pared. Accesorios y mobiliario tridimensional vinieron a reemplazar las representaciones pintadas anteriores. Los actores interpretaban como si estuvieran en realidad en el lugar, ignorando en apariencia la presencia del público. Se desarrollaron nuevas actitudes, los intérpretes creaban acciones realistas, apropiadas para el personaje y la situación. Se fue prestando más atención al vestuario y al decorado. Asimismo, los autores fueron empleando más detalles realistas en sus guiones. A mediados del siglo XIX el interés por el detalle realista, las motivaciones psicológicas de los personajes, la preocupación por los problemas sociales, condujo al **naturalismo en el teatro,** influenciados por las teorías de Charles Darwin, que ve la herencia y el entorno, la raíz de todas las acciones humanas; y el teatro decidió ilustrarlo. La figura más representativa del naturalismo en Francia fue Émile Zola. El teatro tenía que exhibir los problemas sociales. Durante mucho tiempo, en la historia del teatro, la función del director era asumida por el autor de la obra. En el siglo XVIII y parte del XIX, el director era a menudo el actor principal. La creciente dependencia de las cuestiones técnicas, los efectos especiales, el deseo de precisión histórica, la aparición de autores que no se involucraban directamente en la producción y la conveniencia de interpretar aspectos psicológicos del personaje, crearon la necesidad de un director. Del mismo modo que el teatro comenzó a orientarse hacia el realismo en el retrato del mundo exterior, los estudios en el campo de la psicología, pioneros durante el siglo XIX, llevaron a un interés por las motivaciones psicológicas de los personajes. Las figuras más relevantes de este estilo eran el dramaturgo noruego Henrik Ibsen y el autor teatral sueco August Strindberg, considerados los fundadores del **teatro moderno**. Sus obras tratan problemas sociales como enfermedades, ineficacia del matrimonio, los derechos de las mujeres y el estudio del individuo, haciendo al teatro más introspectivo. El autor de origen irlandés George Bernard Shaw recibió influencias de Ibsen, pero este se enfocó en lo social más que en lo sicológico. El teatro ruso empezó a desarrollarse en las **postrimerías** del siglo XVIII. El **naturalismo** se impuso a finales del S.XIX con las obras de Tolstói, Gorki y Antón Chéjov. Stanislavski, un director que se hizo a sí mismo, fundó en 1898 el **Teatro del Arte de Moscú** con Vladimir Nemiróvich-Dánchenko para la producción de teatro realista. Tuvieron gran éxito con las obras de Chéjov. Stanislavski se dio cuenta de que el vestuario y el mobiliario real eran insuficientes; y que se necesitaba un estilo de interpretación que permitiera a los actores sentir y proyectar emociones reales, lo que hoy en día se conoce como el método Stanislavski y que es la base para la formación de muchos actores. Paralelamente al teatro serio, existían estilos más populares en los teatros de los bulevares de París, en los teatros de variedades (music-halls) de Londres y en los locales de vodevil estadounidenses. La mayoría de estos establecimientos ofrecían una mezcla de música, danza, circo y comedias. A finales del siglo XIX, apareció una corriente antirrealista. Se agruparon bajo el término **vanguardia.** Varios teóricos pensaron que el naturalismo presentaba solamente una visión superficial y, por tanto, limitada de la realidad, que podía encontrarse una verdad o realidad más importante en lo espiritual, en el inconsciente. Otros sentían que el teatro no tenía sentido para la sociedad moderna más que como forma de entretenimiento. Alineándose con los movimientos artísticos modernos, se dio un giro hacia lo simbólico, la abstracción, lo ritual, en un intento de revitalizar el teatro. El impulsor de muchas ideas antirrealistas fue el compositor de ópera alemán Richard Wagner. Intentó representar el "estado del alma" o fuero interno, de los personajes. Además, Wagner estaba descontento con la falta de unidad entre las artes que constituían el teatro. Su propuesta era el Gesamtkunstwerk, u "obra de arte total", en la que se integrarían todos los elementos dramáticos, preferiblemente bajo el control de un único creador artístico. A Wagner también se le atribuye haber reformado la arquitectura teatral, sustituyó los palcos y plateas y puso en su lugar una zona de asientos en forma de abanico sobre un suelo en pendiente, dando así igual visión del escenario a todos los espectadores. Un poco antes de empezar la función, las luces del auditorio reducían su intensidad hasta la oscuridad total, una innovación radical para la época. El primero en adoptar las ideas de Wagner fue el **movimiento simbolista en Francia** en la década de 1880. Los simbolistas hicieron una llamada a la "desteatralización" del teatro, que se traducía en desnudar el teatro de todas sus trabas tecnológicas y escénicas del siglo XIX, sustituyéndolas por la espiritualidad que debía provenir del texto y la interpretación. Los textos estaban cargados de simbología de difícil interpretación, más que de sugerencias. El ritmo de las obras era en general lento y semejante a un sueño. La intención era provocar una respuesta inconsciente más que intelectual, y retratar los aspectos no racionales del personaje. Las obras simbolistas del belga Maurice Maeterlinck y el francés Paul Claudel, muy conocidas entre la última década del S.XIX y principios del XX, son raramente representadas hoy día. Sin embargo, pueden hallarse elementos simbolistas en las obras de Chéjov y en los últimos trabajos de Ibsen y Strindberg. La influencia también se ve en los estadounidenses Eugene O'Neill y Tennessee Williams y el inglés Harold Pinter, impulsor del "teatro del silencio". En 1896 un teatro simbolista de París produjo la obra de Alfred Jarry: Ubu rey, una obra desconcertante y provocadora para su tiempo. La obra está llena de humor y lenguaje escatológico. Su relevancia ha de buscarse quizá en el desconcierto que provoca y en la destrucción de casi todas las normas y tabúes del teatro contemporáneo. Sirvió de modelo para futuros movimientos dramáticos de vanguardia y para el **teatro del absurdo** de la década de 1950. El **movimiento expresionista** se desarrolló durante las dos primeras décadas del siglo XX. Exploraba los aspectos más violentos y grotescos de la mente humana, creando un mundo de pesadilla sobre el escenario. El expresionismo se caracteriza por la distorsión, la exageración y por un uso sugerente de la luz y la sombra, las obras giraban en torno al tema de la salvación de la humanidad. Actualmente, en el S. XXI, nos encontramos con una gran gama de teatro: teatro de texto, danza-teatro, teatro conceptual, teatro abstracto, por nombrar algunos, pero todos con un elemento en común: la música, es decir, se ha vuelto al origen del teatro, pero con elementos multimediáticos, incluyendo las últimas tecnologías como una herramientas para mostrar las grandes y nuevas tendencias teatrales.

Fuentes de información: Resumido y compactado desde
https://www.scribd.com/doc/40912808/COMO-NACIO-EL-TEATRO, https://es.wikipedia.org/wiki/Teatro,
https://definicion.de/teatro/ http://www.leerparacrecer.me,
http://roble.pntic.mec.es/~lorbanej/teatro/contenidoteatro.htm

Ejercicio #1

1.- ¿Cuál es la IP o tópico del texto?

2.- ¿Cuál es el común denominador de todos los puntos de quiebre que hacen que se desarrolle el teatro?

3.- ¿Qué eran los **autos**?
a) el movimiento vanguardista   b) arquitectura teatral c) drama litúrgico   d) drama alegórico popular del S.XV, paralelo al litúrgico.

4.- ¿Cuál fue la causa del surgimiento del teatro moderno?

5.- ¿Cuáles fueron las características de este nuevo tipo de teatro llamado **teatro moderno**?

6.- ¿Qué quiere decir el término"**postrimerías**"?
a) a finales   b) a comienzos   c) posterior a

7.- ¿Cuál fue uno de los grandes aportes de Wagner en la arquitectura del teatro?

8.- ¿Qué tipo de teatro fue influenciado por el biólogo Charles Darwin

9.- ¿Qué tipo de teatro ha sentado las bases para la televisión?

10.- ¿Cuál fue uno de los grandes aportes del representante del llamado Siglo de Oro Español, Lope de Vega?

11.- ¿Qué evento produjo el fin del teatro religioso y dio paso al teatro del renacimiento?

12.- ¿Qué hecho llevó a la desaparición del teatro griego?

13.- ¿Qué se quiere decir en el texto con el término **Irónicamente** en la oración: " Irónicamente, el teatro en forma de drama litúrgico renació en Europa (...)"

14.- Haga un parangón del teatro en sus inicios a la forma en que se hace teatro actualmente (busque similitudes y/o diferencias)

Ejercicio #2
En la siguiente línea del tiempo coloque los hitos más relevantes del desarrollo teatral.

Evolución del Teatro

Teatro clásico

La palabra **teatro** viene del griego y significa "lugar para contemplar". Este género literario floreció en la antigua Grecia(550 a.C.- 220 a.C). Se originó en un espacio circular al aire libre llamado *orchestra*, en el que se ejecutaban una gran variedad de actividades, desde espectáculos artísticos (danzas, recitados y piezas musicales), hasta eventos cívicos y religiosos. Los mitos o leyendas era una serie de antiguos relatos referidos a héroes y dioses de los que se narran hazañas espectaculares, y en los que el imaginario colectivo de un pueblo crea un conjunto de símbolos culturales, personajes y sagas míticas locales; así, suele hablarse del ciclo troyano (en torno al cual se agrupan los principales héroes y familias que participaron en la expedición de la Guerra de Troya: Agamenón, Menelao, Electra, Orestes; y del ciclo tebano (en el que aparecen las figuras de Edipo, Antígona, Eteocles y Polinices; los dioses Dioniso y Zeus, el héroe local Heracles, entre otros).

No existe una única versión de un mito. En todo caso, para los antiguos griegos no estaba tan nítida como para nosotros la contraposición entre mito e historia o entre pensamiento mítico y pensamiento racional. Sin duda, los antiguos griegos creían que Agamenón fue un antiguo rey que, con toda certeza, había acudido a una antiquísima guerra de Troya, y seguían respetando y venerando las tumbas de los «antiguos héroes» a los que continuaban rindiendo culto como criaturas benéficas, incluso después de muertos, para la comunidad. El mito es un producto de una sociedad esencialmente oral, un conjunto de relatos que pueden transmitirse en un formato múltiple: como canto, como recitado poético, como representación plástica e iconográfica. El hecho de que los griegos no hayan tenido ningún libro sagrado sobre la verdad de los dioses, equivalentes a lo que son la Biblia para los cristianos, la Torá para los judíos, el Popol Vuh para los mayas o el Corán - el libro santo islámico de los musulmanes-, confería al mito una casi completa versatilidad y la posibilidad de ser revisado una y otra vez. El repertorio mítico entronca por otra parte con los rituales religiosos a los que también desde antiguo estuvo vinculado al teatro como parte de una serie de celebraciones o fiestas religiosas insertas en la tradición de antiguos rituales. Para los antiguos griegos, la base de la religión se encuentra más en el ritual que en un conjunto de creencias. La sociedad ateniense estaba muy ritualizada, en cambio, el cristianismo y el propio protestantismo conceden una importancia a la fe y a la revelación muy alejados de las creencias de los griegos. Entre ritual y teatro antiguo existen una serie de enlaces muy sugestivos que interactúan en uno y otro sentido, del ritual al teatro y del teatro al ritual. Existía el ritual de súplica, los rituales funerarios, la purificación o catarsis de la «oración». En una sociedad primitiva en la que no está institucionalmente asegurada la protección personal, los ritos del suplicante adquieren una extraordinaria importancia. De hecho, se interpreta como un abominable acto no proporcionar derecho de acogida a un suplicante o expulsarlo del santuario donde ha buscado asilo. En el teatro abundan las escenas del suplicante que implora el auxilio del poderoso y, es posible, que los propios autores de tragedia aprovecharan la existencia de este ritual de súplica porque encontraban en él un mecanismo de enorme impacto dramático y escénico. Las costumbres y ritos funerarios de los griegos entraron igualmente de lleno en la arquitectura dramática. La persona que muere no encontrará definitivo reposo hasta que le hayan cumplido una serie de ritos religiosos relacionados con su entierro. Las prácticas funerarias implican un ritual complicado: las mujeres lloran, se golpean el pecho, se cortan el pelo, se desgarran sus vestidos al tiempo que entonan gritos inarticulados, mientras vierten libaciones y presentan sus ofrendas al muerto. En todo caso, la muerte se presenta al griego como fuente de contaminación *míasma (gr.* μίασμα, de la que tanto el individuo como la colectividad debe limpiarse mediante un ritual de purificación). Así, cuando Orestes llega a Atenas después de haber asesinado a su madre, los atenienses le dan acogida, pero no le dirigen la palabra porque todavía está contaminado por el asesinato. Y, nuevamente, en Edipo Rey aparece toda una ciudad contaminada porque en ella habita un asesino que aún no se ha sometido al ritual de la purificación. Los ciudadanos acuden al palacio de Edipo como suplicantes con una petición concreta: encontrar al causante de la contaminación y expulsarlo de la ciudad. Es un tipo de súplica a la vez política y religiosa, ya que no se trata solo de lograr que regrese la prosperidad a Tebas, sino que tiene una carga de significación religiosa. Cabe mencionar que el teatro se consagraba íntegramente a las nueve musas de la inspiración*, por su muy estrecha vinculación con el dios Apolo, patrón de las *Bellas Artes*. Cada una de ellas representan virtudes artísticas y cognoscitivas, dos de ellas son musas directas del teatro antiguo.

Habían grandes festivales urbanos y rurales. Pero las fiestas más célebres, las fiestas atenienses por antonomasia, fueron las llamadas Dionisias Ciudadanas o Grandes Dionisias, instituidas en honor al dios Dioniso.

El vestuario de una representación griega está compuesta por máscaras y los actores griegos utilizaban las máscaras o, en su defecto, ocultaban su rostro con barro o azafrán. El ocultar la cara simboliza el vestirse con elementos nuevos y no comunes, necesarios para realizar el rito, era también un ritual. Más tarde, cuando el teatro fue teatro y no un acto religioso, la máscara era aquel elemento que transformaba al actor en personaje, había máscaras de viejos, de jóvenes, mujeres, etc. Con el tiempo, los artesanos consiguieron verdadero realismo en las caretas. Además, la máscara poseía unas enormes dimensiones para que fuera mucho más visible al público y para, junto con los coturnos (zancos), guardar la proporción entre las diferentes filas de asientos. Por otra parte, las máscaras podían servir de "megáfono" aumentando la voz del actor. Y, por último, permitía al actor interpretar varios personajes. Los coturnos eran una especie de zapatos de madera con alza que servían para dar altura al actor. Conseguían que los personajes nobles destacasen sobre el coro y dar proporción al actor con la gran máscara. Así el actor era enorme, con lo que el público podía verlo con facilidad. Generalmente, solo eran usados en la tragedia. Por lo general, los trajes eran túnicas, cortas o medias y mantos. Según los colores de la ropa el personaje tenía más o menos importancia, así, los colores oscuros eran para los personajes tristes, los alegres para los importantes o los colores normales para la gente del pueblo. Podían usar elementos como corona en el caso de los reyes. A veces, el actor recitaba y el coro contestaba cantando. Los movimientos del coro en la representación eran muy variados, a su entrada a escena iniciaba un canto coral. Además, podía dialogar con los actores. El coro en la tragedia griega actuaba como intermediario. Los coros se involucraban en la acción, sus cantos eran importantes y explicaban a menudo el significado de los acontecimientos que precedían a la acción. Normalmente iba vestido de negro, se encontraba junto a la orquesta y acompañaba a la escena. El coro se ubicaba de espaldas al público, en la parte delantera de la escena (orquesta) y acompañaba la representación con cantos y danzas. Detrás de la orquesta se desarrollaba el acto teatral (proscenio). En el fondo se encontraba un escenario (skene) en el que había tres aberturas por donde entraban y salían los actores. Las obras puestas en escena revelan una complejidad de pensamiento y unas sutilezas literarias que no parecen estar al alcance de cualquiera. Los argumentos de los dramas están basados en los pormenores de la leyenda heroica y, a pesar de la difusión que esta alcanzó gracias a la actividad de los recitadores profesionales. ¿No habría sido el teatro un espectáculo de élite forzosamente compartido con toda la masa social ateniense por las imposiciones políticas y religiosas?. Aristófanes, un comediógrafo griego, alude en repetidas ocasiones a la ingratitud de los espectadores prestos siempre a silbar a los poetas ancianos; y a la volubilidad y mal gusto del público. Se burla de la incapacidad de los asistentes, al no tener alas para escapar del teatro y poder volver en el momento adecuado cuando la comedia terminaba. A pesar de todo, parece que al menos una parte del público ateniense estuvo a la altura de las circunstancias y adoptó ante las representaciones un alto grado de seriedad e inteligencia. Supo reconocer las grandes figuras, cuyas obras ganadoras de los premios en los certámenes y luego representadas con cierta regularidad, son precisamente las que han sobrevivido.

En el teatro griego, apenas importa la personalidad de los personajes y son los problemas, la moralidad y las acciones los que alcanzan el primer plano. Es muy probable que dada la variedad del auditorio, en ocasiones los poetas se dirigieran únicamente a un sector más formado, a cuya apreciación irían destinadas ciertas sutilezas poéticas. Hay que mencionar la anécdota que narra cómo se salvaron de una muerte atroz aquellos cautivos atenienses que eran capaces de recitar pasajes completos de Eurípides**. O bien la noticia de Teofrasto*** sobre la alta distinción y estima social que alcanzaban quienes eran capaces de recitar parlamentos de tragedias.

Existía además un alto grado de propaganda y de concientización cívica en todos los festejos que rodeaban las representaciones teatrales, tanto al inicio del certamen como una vez finalizado este. La ceremonia de apertura de los festivales se convertía en una gran manifestación del poderío ateniense y en una promoción de los deberes ciudadanos. Se exponía ante los espectadores llegados de todas partes del mundo griego el tributo enviado por los aliados de Atenas, se hacía desfilar a los huérfanos de los caídos por la ciudad, cuya educación y armamento habían sido costeados por la comunidad, y se proclamaban los honores de aquellos que habían beneficiado a la polis de alguna forma. Se realizaban concursos para seleccionar las mejores obras. Los jurados que otorgaban los premios eran seleccionados entre los ciudadanos por un curioso y complicado sistema, y en ocasiones era el público, con su presión sobre los jueces, quien decidía el resultado.

*De acuerdo a la mitología griega, las 9 musas eran deidades femeninas, diosas inspiradoras de la belleza, la poesía, la historia, la tragedia, cantos sagrados, la danza, la comedia, la astronomía y la ciencia.
** Eurípides:poeta trágico griego, alumno de Sócrates.
*** Teofrato: filósofo griego, amigo de Aristóteles.

Ejercicio #1
Análisis del texto

1.- ¿Cuál es la IP del texto?

2.- ¿Dónde nace el teatro?

3.- ¿Qué significa la palabra **teatro**?

4.- ¿Qué connotación se le daba a este género literario en la antigüedad?
a) entretención   b) religiosa/mística   c)filosófica

5.- ¿Qué elementos se usaban en el teatro?

6.- De acuerdo a Aristófanes, ¿cómo era la mayoría del público que asistía a las obras teatrales?
a) Gente de élite   b) Gente muy religiosa   c) Gente inculta

7.- ¿Por qué se dice que en el teatro griego "apenas importaba la personalidad de los personajes"?

8.- ¿De qué manera las autoridades griegas utilizaban el teatro?

Ejercicio #2

Edipo Rey es una tragedia griega cuyo autor es **Sófocles,** fue representada por primera vez aproximadamente el 429 AC. Se considera una de las mejores obras literarias de todos los tiempos.

Biografía de Sófocles

Sófocles nació en Colono, hoy parte de Atenas, (Grecia) en el 496 AC., es el más antiguo dramaturgo griego cuyas obras han sobrevivido hasta la actualidad. Sófocles escribió alrededor de 120 obras teatrales durante su vida, pero solo sobrevivieron siete: Ajax, Antígona, Las Traquinias, Edipo Rey, Electra, Filoctetes y Edipo en Colono. Por más de 50 años fue el más celebrado dramaturgo en los concursos dramáticos de la ciudad de Atenas. Murió en Atenas en el 406 AC.

(Fuente: Extracto de http://www.leerparacrecer.me/2016/07/edipo-rey-sofocles-libro-gratis.html}

EDIPO REY
TRAGEDIA ORIGINAL EN 5 ACTOS
Personas
Edipo, rey de Tebas[1]
Yocasta, reina
El Sumo Sacerdote de Júpiter
Hyparco, antiguo ayo[2] de Edipo
Forbas, anciano de Tebas
Un mensajero de Corinto
Dos niñas: hijas de Edipo
Coro, pueblo, guardias, esclavas.

La escena en Tebas

El teatro representa una plaza magnífica: en el fondo se ve el pórtico del palacio, a su derecha la fachada del templo de Júpiter; y en el lado opuesto, la entrada al Panteón de los reyes.

EDIPO
TRAGEDIA
ACTO I

(El recinto de la plaza aparece lleno de grupos de gente con ramos de olivos en la mano y guirnaldas en la cabeza, en señal de súplica, postrada ante dos aras que habrá colocadas a la puerta del templo: después de oírse los acentos de una música religiosa, y al mismo tiempo que amanece, principia el canto del Coro; y al concluirse este, sale del templo el SUMO SACERDOTE).

Escena I

El SUMO SACERDOTE, Coro, Pueblo.

CORO
Acoge nuestros votos
o Jove[3] soberano;
Aparta de tu mano
¡El rayo vengador!
(Las estrofas 1ª,3ª y 5ª las cantará un hombre y las estrofas y la 2ª,4ª y
6ª , una mujer).

ESTROFA I
Si alzamos nuestros ojos,
Rasgarse ven el Cielo,
A nuestros pies el suelo
Retiembla con pavor.
ESTROFA II
Suspende Dios tremendo,
Suspende tu venganza;
Y un rayo de esperanza
Anuncie tu favor.
CORO
Acoge nuestros votos
o Jove soberano;
Aparta de tu mano
¡El rayo vengador!

SACERDOTE
¡Respirad, o Tebanos! ... Ya los Dioses
Vuestros humildes votos acogieron;
Y el término se acerca a tantos males,
Anuncio de la cólera del Cielo:
Padres, hijos, esposos, ciudadanos,
¡Tranquilos respirad! Sobrado tiempo,
Agolpados al borde de la tumba,
Temblasteis de la muerte al crudo aspecto:
El fuego asolador, la peste, el hambre,
Cuántas plagas encierra el hondo Aberno[4]
Sobre Tebas a un tiempo desplomadas,
La trocaron en mísero desierto,

Y hasta la misma tierra, estremecida,
Se negaba a sufrir su ingrato peso.
Mas al fin ya los Númenes[5] benignos
¡El brazo de venganza suspendieron!
Y por primera vez tras largos años,
Sonó su voz en el augusto templo.
¡Yo la escuché, mortales! Más tremenda
Que el huracán y el espantoso trueno,
Yo la escuché; y el mundo con asombro
Hoy la oirá de mis labios.- En vano ciegos
Descansan tras el crimen los mortales,
Cuál si olvidase su castigo el Cielo;
Que llega al fin en formidable día
Destinado a la ruina y escarmiento,
y el soplo de los Númenes deshace
Las ciudades, los tronos, los imperios
Mas hoy ya solo, en su piedad inmensa,
Una víctima exigen, no pudiendo
Dejar impune el crimen más oculto;
Y al punto que le venguen, satisfechos
Con el largo dolor que afligió a Tebas,
El duro azote arrojarán al fuego.

ESCENA II
SUMO SACERDOTE, EDIPO, Coro, Pueblo.
EDIPO (al salir del palacio)
Será verdad, ministro de los Dioses,
Que ha respondido el Numen... Sus decretos
Revela a los mortales que ya Edipo
Se apresta a ejecutarlos.

SACERDOTE (con énfasis)
El momento
Aún no es llegado, Edipo, mas se acerca,
Y en breve llegará.

EDIPO
Si tanto anhelo
La voluntad saber del almo Jove,

No ha ello me incita el criminal deseo
De sortear los íntimos arcanos
Que esconde al mundo; de mi amado pueblo
La infeliz suerte, su penar, su angustia...
SACERDOTE
Van a cesar en breve
EDIPO
¿Cuándo?
SACERDOTE
Hoy mismo
EDIPO
¡Gracias os doy o Númenes piadosos,
Por tan grande merced! ... El llanto acerbo
En lágrimas trocasteis de ternura;
Y libre ya del congojoso peso,
De júbilo colmado y de esperanza,
Siento latir mi conturbado pecho.
Venid, hijos, llegad, cercadme todos;
Alzad las manos y la voz al Cielo;
Bendecid su bondad...
SACERDOTE
Y su justicia
EDIPO (con sorpresa)
Sacerdote, qué arcano qué misterio
Encierran tus palabras... Por dos lustros,
Cercados de peligros y tormentos,
Arrastramos el peso de la vida,
Viendo el sepulcro a nuestros pies abierto:
Y cuando el sumo Jove por su labio
Palabras nos ofrece de consuelo;
Cuando hoy mismo los males de la patria
Van a cesar y el corazón, abierto
A la dulce esperanza, al cielo envía
De gratitud los votos más sinceros;
Tú solo, tú, ministro de los Dioses,
Con ceño adusto y con terrible acento
¡Amargas nuestro júbilo! ... No; deja
Que libre de mortal desasosiego.
Respiremos siquiera un solo instante;

Deja que nuestros males olvidemos,
Y bendigamos la piedad divina,
Que ya el iris de paz tiende en el Cielo (...)

(Extracto de la obra Edipo Rey)

(1)Tebas: ciudad en Grecia
(2)ayo: sirviente
(3)Jove= Júpiter: dios romano
(4)Averno: (del griego:sin aves) Es un lago que emite vapores nocivos como son los sulfurosos y mefiticos, Al parecer estos gases hicieron que la vida en el interior del lago y en sus proximidades fuera casi imposible ya que todas las especies de pájaros perecían si se asentaban en el mismo.
(5)Númenes: dioses

Ejercicio #3
Análisis del texto

1.- ¿En cuántos actos está dividida la obra?

2.- ¿Cuáles son los personajes de la obra?

3.- ¿Qué personajes participan en la Escena I

4.- ¿Qué personajes participan en la Escena II

5.- ¿Cuál es el tono de la obra?
a) De alegría   b) De orgullo   c) De tristeza   d) De angustia
6.- ¿Qué clama el coro?

7.- ¿Dónde se sitúa la obra?

8.- A partir del texto leído, ¿qué puede Ud. inferir con respecto a la preocupación de Edipo?

Teatro del Absurdo

El Teatro del absurdo está inserto en el período del Teatro Moderno, se desarrolló durante las décadas de 1940, 1950 y 1960. Se caracteriza por tramas que parecen carecer de significado, diálogos repetitivos y falta de secuencia dramática que a menudo crean una atmósfera onírica. El teatro del absurdo tiene fuertes rasgos existencialistas y cuestiona la sociedad y al hombre. El humor, la incoherencia, el disparate y lo ilógico son rasgos muy representativos de estas obras. Hay incongruencia entre el pensamiento y los hechos, así como la incoherencia entre las ideologías y los actos. Los personajes tienen un gran obstáculo para expresarse y comunicarse entre ellos mismos constantemente. En las obras, definitivamente el decorado y las escenografías (al igual con los objetos y los accesorios utilizados) juegan un papel muy importante como contraste con el contenido de las mismas, porque presentan imaginariamente la realidad de los mensajes que se pretenden llevar. Se presenta todo en un marco de un mundo vacío y con objetos muy pesados que terminan dominando a los personajes. Se toca temas muy importantes, relacionados, por ejemplo, con cuán susceptible se encontraba la civilización después de un gran conflicto bélico como lo fue la Segunda Guerra Mundial. Se percibe a través de sus personajes la desorganización que existía hasta en la manera de comunicarse unos a otros, donde muchas veces no había un punto de acuerdo entre todas las partes, pero si un abuso de poder, donde los ricos y poderosos atropellaban a los más débiles y a los que menos posibilidades tenían para sobrevivir ante tanto caos y confusión. Lo interesante del teatro del absurdo es que no da las respuestas que esperamos, o las que creemos que vamos a esperar, sino que nos deja a nosotros la interpretación y el análisis de cada una de sus obras. El término "absurdo" proviene del uso de la misma palabra por los pensadores existencialistas como Albert Camus y Jean-Paul Sartre.

(Fuente: Extracto de https://es.wikipedia.org/wiki/Teatro_del_absurdo)

Ejercicio #1

Jorge Díaz es uno de los exponentes del teatro del absurdo y aquí presento un extracto de su obra "El cepillo de dientes o Náufragos en el parque de atracciones".

Lee el texto. Si es posible hazlo con otra persona para que se intercalen los roles.

Personajes: Ella, Él, Antona, Una voz.

ACTO PRIMERO

(Cuando se han apagado las luces de la sala, pero antes de abrirse las cortinas, se escucha una música melancólica interpretada en arpa y que debe recordar vagamente la música de un tiovivo. Esta música se escuchará en varios momentos de la obra. Debe ser un fragmento tierno, simple y sugerente. Las cortinas se abren. Sala-comedor de un pequeño departamento moderno. La mitad izquierda tiene muebles antiguos estilo español y la mitad derecha tiene muebles estilo danés, de diseño ultramoderno (...)

Voz de Ella: - ¡Mi amor, despierta! ¡Mira que bonito se ve el parque de atracciones! ¡El día está maravilloso!
Voz de Él: ¡Tú también estás maravillosa! (Besos apasionados)Voz de Ella:¿Cómo podemos sobrevivir?
Voz de Él: ¿A qué?
Voz de Ella: A este cariño tremendo
Voz de Él: ¡Somos fuertes!
Voz de Ella:¡Invulnerables!
Voz de Él: ¡Inseparables! (Nuevos besos apasionados).
Entra Ella. Joven y bonita. Viste un pijama de seda sobre el cual lleva una bata. Zapatilla de levantarse. Trae una bandeja. Debajo del brazo un periódico y una revista. Deja todo sobre la mesa. Al hacerlo se le cae descuidadamente un tenedor. Busca otra emisora en el transistor. Deja de escucharse en ese momento la música de Jazz. Satisfecha sigue el compás con el cuerpo y sale nuevamente hacia la cocina. Un momento la escena vacía. El jazz se escucha muy fuerte. Ella vuelve a entrar .

Esta vez con la cafetera y la leche. Las deja sobre la mesa. Da los últimos toques a la mesa del desayuno. Solo ahora observa que uno de los dos tenedores está en el suelo. Lo recoge y se lo queda mirando fijamente.)
Ella: Anoche... Sí, anoche soñé con un tenedor. Bueno, eso no tiene nada de raro. Debe ser un símbolo sexual inconsciente. (Arrugando el ceño.) Pero lo raro era que el tenedor decía que quería ser cuchara. El pobre tenía complejo de cuchara...de cuchara de postre. ¡Wa!
¡Ah! Yo no sé por qué soy tan complicada. El psiquiatra tampoco. Me dijo que hablara en voz alta por la mañana, que eso era bueno para la salud mental (...) El monólogo, como psicoterapia, también es bueno para que a una se le ocurran ideas, bueno, ideas inocentes...como enviudar sin anestesia. Hoy, como todos los días, tengo preparada algunas sorpresas. Para empezar, el café no es café. No, tampoco es nescafé. Es veneno. Veneno con gusto a café descafeinado. Las tostadas... parecen tostadas ¿verdad? Nadie diría que no lo son. Bueno, en cierto modo lo son, pero las tosté con gas de hidrógeno, que producen efectos fatales al ser digeridas.(Encantada). ¡Ah! Y el azúcar tiene un poco de raticida granulado (...)
(Se oye un canturreo que viene del dormitorio)

Él: ¿Dónde dejaste mi corbata, Marta?
Ella: (Con una sonrisa siniestra) ¡Es hora de actuar! Shhh (Gritando hacia el dormitorio) ¡Hijito, está servido el desayuno! (Ella se sienta y empieza a poner mantequilla a una tostada. Pausa. Más fuerte.) ¡Está servido el desayunooooo!
(Entra Él, terminando de arreglarse la corbata(...). Ella aumenta el volumen del transistor que sigue transmitiendo jazz. Él se sienta y abre el periódico (...) Deja el periódico y le habla)
Ella: (Gritando) ¿Qué dices? ¡No oigo nada!
Él: ¡Qué cortes esa radio!
Ella: ¡Egoísta! (Se pone un audífono y lo conecta al transistor. La música deja de escucharse)
Él: El veneno, por favor. (Ella no lo escucha). Un poco de café, querida. (Ella lo hace callar con un gesto)
Ella: (Con tono misterioso) Es el pronóstico
Él: ¿De qué?
Ella: (Casi en tono confidencial) Del tiempo.
Él: ¿Qué dice?
Ella: (Escuchando primero) Nubosidad parcial en el resto del territorio.

Él: ¡Oh, oh! ¿será posible?

Ella: Sí,sí. Parece increíble ¿no? Pero es cierto.

Él: Sírveme el café, querida.(...)

Ella: Un, dos, tres (se levanta) Pensando en los demás, nos libraremos de todas nuestras preocupaciones (gira la cabeza en forma rotatoria)

Él: (Golpeando la mesa y gritando) ¡El café!

Ella: Bien, hoy puedo hacer el bien a mis semejantes ¿Quieres leche, hijito?

Él: No me llames "hijito", menos cuando me ofreces leche. Es repugnante.

Ella: Te gustaba que te llamara así.

Él: Eso fue hace años, cuando nos casamos. Pero ahora he crecido y he envejecido.

Ella: Bueno, ¿y cómo quieres que te llame entonces?

Él: Por mi nombre.

Ella: Lo he olvidado completamente...tienes que apuntármelo en la libreta telefónica (...)

(Extracto de la obra "El cepillo de dientes" de Jorge Díaz)

Ejercicio #2

Contesta las siguientes preguntas:

1.- ¿Cómo está organizado el texto?

2.- ¿Cómo describiría al personaje "Ella"?

3.- A partir de la descripción del ambiente, ¿qué puede decir con respecto a la personalidad de los personajes?

4.- ¿Qué quiere decir el autor con este diálogo?

Crítica Literaria

La crítica literaria es una de las tres disciplinas de la ciencia de la literatura, conjuntamente con la teoría literaria y la historia literaria; a diferencia de estas dos últimas, la crítica se aplica a los textos y consiste en analizar y evaluar obras literarias. También pretende divulgar y/o discutir una obra a través de cualquier medio, ya sea escrito como audiovisual. La función de la crítica es no solo analizar, sino que además exponer, junto a los logros o aciertos, las deficiencias, fallas o falencias en una obra. En cierta forma, no solo tiene una capacidad de análisis, sino que también un rol educativo, informativo y de difusión. Asimismo, se va especializando, incorporando otras disciplinas, tales como la pintura, la escultura, el teatro, la ópera, el ballet, la música, el cine, etc. Su origen se remonta a la Antigua Grecia, su principal creador fue Dionisio de Halicarnaso. Existieron críticos en todas las épocas: en la era clásica, en el renacimiento, en el barroco, en el romanticismo, en el realismo, en el naturalismo, en el modernismo, en las corrientes vanguardistas; así como en las diferentes escuelas metodológicas y del pensamiento del S. XX y S. XXI. En el S.XVIII se crea la prensa moderna y con ello da paso a publicaciones periódicas y a la creación de la crítica moderna. La crítica literaria se ha ejercido en Hispanoamérica paralelamente con la crítica política y cultural desde tiempos de la Conquista de América y la época colonial hasta nuestros días. Durante el siglo XIX la crítica literaria hispanoamericana acompañó a la crítica política sirviendo de apoyo a los movimientos independentistas de la corona española hasta la creación de las nuevas repúblicas. Obviamente, la crítica ha estado influenciada por las principales corrientes filosóficas, estéticas y artísticas de Europa.

Junto a la crítica literaria, se desarrollan críticas más objetivas, pero sin dejar de lado la sátira, un género muy antiguo, con tendencias humorística, cuyo objetivo es enjuiciar un hecho llegando a la gente utilizando el sarcasmo y/o la ridiculización de una situación, organización o personas. Durante el siglo XX la crítica literaria tuvo un complejo desarrollo, fue una época de extraordinaria producción.

Andres Bello decía: "Solo el análisis tiene eficacia para producir ideas claras y exactas".

Ejercicio #1

Lee el texto
Artículo: Rincón Literario
Título: Just like us
Autor: Helen Thorpe
Nacionalidad: Inglesa (naturalizada norteamericana)
Número de páginas: 387
¿Recomendable?: Altamente recomendable tanto para jóvenes como adultos; especialmente para quienes desconocen el drama que viven los jóvenes indocumentados en los EE.UU.

Esta es la vida de cuatro chicas inmigrantes mexicanas, tres de ellas han sido traídas a los Estados Unidos por sus padres cuando aún no tenían 9 años; y una ha nacido acá. La periodista les hace un seguimiento durantes varios años, empapándose de sus vidas. Las cuatro chicas (amigas inseparables desde "middle school" son bilingües, biculturales, inteligentes, sociables, deportistas y activas voluntarias en movimientos sobre derechos civiles. Durante todo el período de liceo (high school), postulan a becas en prestigiosas universidades. Dos de ellas no tienen documentos migratorios, lo que se transforma en una verdadera tragedia para todas, ya que les será muy difícil obtener las becas. Soñando diariamente con el "Dream Act" y con la incógnita de qué pasará con ellas cuando terminen la carrera y deban salir del ambiente escolar seguro y enfrentar el mundo real. Padres inmigrantes manteniendo dos o tres trabajos, familias separadas producto de las deportaciones, hacinamientos, confrontación de dos generaciones en diferentes mundos, todo está descrito.

¿Les suena conocida esta historia? Me imagino que sí. Los inmigrantes en este país sabemos perfectamente a qué se enfrentan las familias sin documentos. Conocemos más de algún caso. Yo, personalmente, he interactuado con muchas familias en las escuelas públicas de Colorado. He visto muy de cerca el miedo que sienten los padres de una probable y posible deportación. De las frustraciones de sus hijos, que ni siquiera pueden viajar de un estado a otro o conducir un automóvil. ¡Qué digo! Que ni siquiera pueden rentar una película o entrar a un bar por no tener identificación. Realidad vastamente conocida por todos nosotros y que en esta novela, Helen Thorpe la revela sin tapujos. Pero lo más valioso de esta novela, aparte de su veracidad, es que la autora es la esposa del Gobernador de nuestro estado, John Hickenlooper, lo que avala el libro aún más (por supuesto, sin restarle mérito a la periodista). Claro que ella empezó a escribirlo cuando su esposo era solo un propietario de restaurantes y aún no se postulaba para alcalde. Pero como el seguimiento duró varios años, pudo cubrir toda la etapa de escuela y universidad de las chicas, mientras tanto el marido hacía su carrera política. Se han escrito muchos libros sobre inmigrantes, pero este tiene la facultad de estar escrito por una persona perteneciente a las altas esferas del poder político de nuestro estado. Además, de darle credibilidad al relato, muestra a americanos compasivos con el problema y que no vacilan en ayudar. También, va mostrando varios hitos importantes de Colorado. Uno de ellos son las manifestaciones masivas por una ley migratoria en el 2006, el asesinato de un policía ejemplar a manos de un hispano indocumentado y la contraparte visual de un político que atacó fuertemente la inmigración indocumentada. Hechos que hacen de este libro un tópico bastante candente. Por esta razón, me saco el sombrero delante de los Sres. Hickenlooper, por tener, ella, la valentía de publicar este libro en una época tan controversial para la inmigración; y por él, que permitió que su esposa lo hiciera (no creo que muchos políticos aceptarían que sus esposas escriban sobre un tema tan sensible en pleno proceso político). El libro presenta a cuatro chicas víctimas inocentes de un sistema que no ha sido capaz de resolver el estatus migratorio de doce millones de personas. El **status quo** *que ningún político se atreve a enfrentar por miedo a perder*

votos, algunos creando soluciones parches para no tener detractores, hablando de trabajadores invitados, pero nada dicen de los que ya están aquí viviendo por más de 20 años. Que no les dan permiso de trabajo, pero sí deben pagar impuestos. Que deben enviar a sus hijos a la escuela, pero cuando están en edad de ser productivos para el país, no se les permite trabajar legalmente. Que se les descuenta de su cheque para el seguro social, pero no pueden recibir sus beneficios. Que cuando el país estaba bien económicamente, a nadie le molestaba los trabajadores inmigrantes indocumentados (aceptando el doble estándar); es más, todos saben que el área de la construcción, hotelería, agricultura y limpieza los necesitan, porque sin ellos no cubren las necesidades ... o sino pregúntenles a los agricultores ("Granjas de Colorado afectadas por escasez de trabajadores inmigrantes". Enero 26, 2012. http://bloginmigrantetv.com) Tema que no se atreven a discutirlo (me refiero a los políticos) y que, finalmente, después de sentirse presionados, lo expresan sin ningún compromiso ni convicción, como dice el personaje mexicano El Chavo: "Psssss, siiii lo haaaaaaaago".

Publicado en el periódico El Comercio de Colorado. Ximena Thurman. Noviembre 29,2012)

Ejercicio #2

1.- ¿Qué tipo de narrador presenta el texto?

2.- La opinión del autor con respecto al libro es ...

3.- Un hecho es...

4.- ¿Cuál es la posición del autor del texto?

5.- ¿Qué quiere decir el autor del texto, al final, cuando cita una conocida oración del personaje mexicano El Chavo del 8: "Psssss, siiii lo haaaaaaaago".

6.- ¿Qué quiere decir el término " **status quo**"?

Ciencia Ficción

Es otro de los géneros que puedes encontrar en el examen. La Ciencia-Ficción es un tipo de relato **especulativo** que cuenta acontecimientos posibles desarrollados en un marco imaginario, cuya verosimilitud se fundamenta narrativamente en los campos de las ciencias físicas, naturales y sociales. La acción puede girar en torno a viajes interestelares, conquista del espacio, consecuencias de una hecatombe terrestre o cósmica, evolución humana a causa de mutaciones, evolución de los robots, realidad virtual, existencia de civilizaciones alienígenas, etc.). Esta acción puede tener lugar en un tiempo pasado, presente o futuro, o, incluso, en tiempos alternativos ajenos a la realidad conocida, y tener por escenario espacios físicos (reales o imaginarios, terrestres o extraterrestres) o el espacio interno de la mente. Los personajes son igualmente diversos: a partir del patrón natural humano, recorre y explota modelos **antropomórficos** hasta desembocar en la creación de entidades artificiales de forma humana (robot, androide, ciborg) o en criaturas no antropomórficas.

Se considera a **Hugo Gernsback** H.G. Wells, y Julio Verne los padres de la ciencia-ficción. Entre los grandes exponentes modernos de este género se encuentra Isaac Asimov y Ray Bradbury

(Fuente: https://es.wikipedia.org/wiki/Ciencia_ficci%C3%B3n)

Ejercicio #1

Análisis del texto

1.- ¿Qué quiere decir el autor con el término "**especulativo**"?

2.- ¿Conoces la diferencia entre un robot, un androide y un cyborg?

a) Robot:

b) Androide:

c) Cyborgs

3.- ¿Qué quiere decir el término "**antropomórficos**"?

4.- ¿Cuál es tu libro o película de ciencia-ficción favorita? ¿Por qué?

Ejercicio #2
Lee el siguiente cuento

Un Expreso del Futuro (1895)
Julio Verne (escritor francés. 1828 - 1905)

— ¡Ande con cuidado! — gritó mi guía— . ¡Hay un escalón!
Descendiendo con seguridad por el escalón de cuya existencia así me
informó, entré en una amplia habitación, iluminada por enceguecedores
reflectores eléctricos, mientras el sonido de nuestros pasos era lo único que
quebraba la soledad y el silencio del lugar.
¿Dónde me encontraba? ¿Qué estaba haciendo yo allí? Preguntas sin
respuestas. Una larga caminata nocturna, puertas de hierro que se abrieron
y se cerraron con estrépitos metálicos, escaleras que se internaban (así me
pareció) en las profundidades de la tierra... No podía recordar nada más,
Carecía, sin embargo, de tiempo para pensar.
— Seguramente usted se estará preguntando quién soy yo — dijo mi guía— .
El coronel Pierce, a sus órdenes. ¿Dónde está? Pues en Estados Unidos, en
Boston... en una estación.
— ¿Una estación?
— Así es; el punto de partida de la Compañía de Tubos Neumáticos de Boston
a Liverpool.
Y con gesto pedagógico, el coronel señaló dos grandes cilindros de hierro, de
aproximadamente un metro y medio de diámetro, que surgían del suelo, a
pocos pasos de distancia.
Miré esos cilindros, que se incrustaban a la derecha en una masa de
mampostería, y en su extremo izquierdo estaban cerrados por pesadas tapas
metálicas, de las que se desprendía un racimo de tubos que se empotraban
en el techo; y al instante comprendí el propósito de todo esto.
¿Acaso yo no había leído, poco tiempo atrás, en un periódico
norteamericano, un artículo que describía este extraordinario proyecto para
unir Europa con el Nuevo Mundo mediante dos colosales tubos submarinos?
Un inventor había declarado que el asunto ya estaba cumplido. Y ese
inventor — el coronel Pierce — estaba ahora frente a mí.
Recompuse mentalmente aquel artículo periodístico. Casi con complacencia,
el periodista entraba en detalles sobre el emprendimiento. Informaba que
eran necesarios más de tres mil millas de tubos de hierro, que pesaban más
de trece millones de toneladas, sin contar los buques requeridos para el
transporte de los materiales: 200 barcos de dos mil toneladas, que debían

efectuar treinta y tres viajes cada uno. Esta "Armada de la Ciencia" era descrita llevando el hierro hacia dos navíos especiales, a bordo de los cuales eran unidos los extremos de los tubos entre sí, envueltos por un triple tejido de hierro y recubiertos por una preparación resinosa, con el objeto de resguardarlos de la acción del agua marina.

Pasado inmediatamente el tema de la obra, el periodista cargaba los tubos (convertidos en una especie de cañón de interminable longitud) con una serie de vehículos, que debían ser impulsados con sus viajeros dentro, por potentes corrientes de aire, de la misma manera en que son trasladados los despachos postales en París.

Al final del artículo se establecía un paralelismo con el ferrocarril, y el autor enumeraba con exaltación las ventajas del nuevo y osado sistema. Según su parecer, al pasar por los tubos debería anularse toda alteración nerviosa, debido a que la superficie interior del vehículo había sido confeccionada en metal finamente pulido; la temperatura se regulaba mediante corrientes de aire, por lo que el calor podría modificarse de acuerdo con las estaciones; los precios de los pasajes resultarían sorprendentemente bajos, debido al poco costo de la construcción y de los gastos de mantenimiento... Se olvidaba, o se dejaba aparte cualquier consideración referente a los problemas de la gravitación y del deterioro por el uso.

Todo eso reapareció en mi conciencia en aquel momento.

Así que aquella "Utopía" se había vuelto realidad ¡y aquellos dos cilindros que tenía frente a mí partían desde este mismísimo lugar, pasaban luego bajo el Atlántico, y finalmente alcanzaban la costa de Inglaterra!

A pesar de la evidencia, no conseguía creerlo. Que los tubos estaban allí, era algo indudable, pero creer que un hombre pudiera viajar por semejante ruta... ¡jamás!

— Obtener una corriente de aire tan prolongada sería imposible — expresé en voz alta aquella opinión.

— Al contrario, ¡absolutamente fácil! — protestó el coronel Pierce— . Todo lo que se necesita para obtenerla es una gran cantidad de turbinas impulsadas por vapor, semejantes a las que se utilizan en los altos hornos. Estas transportan el aire con una fuerza prácticamente ilimitada, propulsándolo a mil ochocientos kilómetros horarios... ¡casi la velocidad de una bala de cañón! De manera tal que nuestros vehículos con sus pasajeros efectúan el viaje entre Boston y Liverpool en dos horas y cuarenta minutos.

— ¡Mil ochocientos kilómetros por hora! — exclamé.

— Ni uno menos. ¡Y qué consecuencias maravillosas se desprenden de semejante promedio de velocidad! Como la hora de Liverpool está adelantada con respecto a la nuestra en cuatro horas y cuarenta minutos, un viajero que salga de Boston a las 9, arribará a Liverpool a las 3:53 de la tarde.¿No es este un viaje hecho a toda velocidad? Corriendo en sentido inverso, hacia estas latitudes, nuestros vehículos le ganan al Sol más de novecientos kilómetros por hora, como si treparan por una cuerda movediza. Por ejemplo, partiendo de Liverpool al medio día, el viajero arribará a esta estación a las 9:34 de la mañana... O sea, más temprano que cuando salió. ¡Ja! ¡Ja! No me parece que alguien pueda viajar más rápidamente que eso.

Yo no sabía qué pensar. ¿Acaso estaba hablando con un maniático?... ¿O debía creer todas esas teorías fantásticas, a pesar de la objeciones que brotaban de mi mente?

— Muy bien, ¡así debe ser! — dije— . Aceptaré que lo viajeros puedan tomar esa ruta de locos, y que usted puede lograr esta velocidad increíble. Pero una vez que la haya alcanzado, ¿cómo hará para frenarla? ¡Cuando llegue a una parada todo volará en mil pedazos!

— ¡No, de ninguna manera! — objetó el coronel, encogiéndose de hombros— . Entre nuestros tubos (uno para irse, el otro para regresar a casa), alimentados consecuentemente por corrientes de direcciones contrarias, existe una comunicación en cada juntura. Un destello eléctrico nos advierte cuando un vehículo se acerca; librado a su suerte, el tren seguiría su curso debido a la velocidad impresa, pero mediante el simple giro de una perilla podemos accionar la corriente opuesta de aire comprimido desde el tubo paralelo y, de a poco, reducir a nada el impacto final. ¿Pero de qué sirven tantas explicaciones? ¿No sería preferible una demostración?

Y sin aguardar mi respuesta, el coronel oprimió un reluciente botón plateado que salía del costado de uno de los tubos. Un panel se deslizó suavemente sobre sus estrías, y a través de la abertura así generada alcancé a distinguir una hilera de asientos, en cada uno de los cuales cabían cómodamente dos personas, lado a lado.

— ¡El vehículo! — exclamó el coronel — ¡Entre!

Lo seguí sin oponer la menor resistencia, y el panel volvió a deslizarse detrás de nosotros, retomando su anterior posición.

A la luz de una lámpara eléctrica, que se proyectaba desde el techo, examiné minuciosamente el artefacto en que me hallaba.

Nada podía ser más sencillo: un largo cilindro, tapizado con prolijidad; de extremo a extremo se disponían cincuenta butacas en veinticinco hileras paralelas. Una válvula en cada extremo regulaba la presión atmosférica, de manera que entraba aire respirable por un lado, y por el otro se descargaba cualquier exceso que superara la presión normal.

Luego de perder unos minutos en este examen, me ganó la impaciencia:

— Bien — dije— . ¿Es que no vamos a arrancar?

— ¿Si no vamos a arrancar? — exclamó el coronel Pierce — . ¡Ya hemos arrancado!

Arrancado... sin la menor sacudida... ¿cómo era posible?... Escuché con suma atención, intentando detectar cualquier sonido que pudiera darme alguna evidencia.

¡Si en verdad habíamos arrancado... si el coronel no me había estado mintiendo al hablarme de una velocidad de mil ochocientos kilómetros por hora... ya debíamos estar lejos de tierra, en las profundidades del mar, junto al inmenso oleaje de cresta espumosa por sobre nuestras cabezas; e incluso en ese mismo instante, probablemente, confundiendo al tubo con una serpiente marina monstruosa, de especie desconocida, las ballenas estarían batiendo con furiosos coletazos nuestra larga prisión de hierro!

Pero no escuché más que un sordo rumor, provocado, sin duda, por la traslación de nuestro vehículo. Y ahogado por un asombro incomparable, incapaz de creer en la realidad de todo lo que estaba ocurriendo, me senté en silencio, dejando que el tiempo pasara.

Luego de casi una hora, una sensación de frescura en la frente me arrancó de golpe del estado de somnolencia en que había caído paulatinamente.

Alcé el brazo para tocarme la cara: estaba mojada.

¿Mojada? ¿Por qué estaba mojada? ¿Acaso el tubo había cedido a la presión del agua... una presión que obligadamente sería formidable, pues aumenta a razón de una "atmósfera" por cada diez metros de profundidad?

Fui presa del pánico. Aterrorizado, quise gritar... y me encontré en el jardín de mi casa, rociado generosamente por la violenta lluvia que me había despertado. Simplemente, me había quedado dormido mientras leía el artículo de un periodista norteamericano, referido a los extraordinarios proyectos del coronel Pierce... quien a su vez, mucho me temo, también había sido soñado.

Ejercicio #3
Análisis del texto

1.- ¿Cuál es el tipo de narrador?

2.- ¿Cuál es la deducción que hace el personaje para decir que le parece un invento imposible?

3.- A partir del texto y sin recurrir al diccionario, deduzca el término **Utopía**

4.- ¿Por qué el personaje se aterrorizó?

5.- ¿Cómo concluye el cuento?

Memorándum

El **Memorándum**, conocido también como "Memo", es un documento de comunicación interna dentro de una empresa. Se considera un documento oficial que va desde un jefe a subordinados o de un departamento a otro dentro de la empresa.

Ejercicio #1
Lee el siguiente memorándum

De: Departamento Contable
A : Gerencia de Marketing
Fecha: 12/12/17
Asunto: Cierre contable para liquidación de comisiones

Por la presente, les informo a todos los vendedores de la Zona Norte que deben entregar sus Notas de Pedidos a más tardar el día 25 de cada mes, ya que el cierre contable se hará el día 26. De no cumplir con este procedimiento, será imposible para nuestro departamento incorporar las ventas del mes a su liquidación de sueldo. Si se atrasan en el envío de las N/P se liquidarán al siguiente mes. Para evitar el retraso de los pagos de sus comisiones, favor de cumplir con la norma.

Atentamente,
Carlos Cruz

Ejercicio #2

1.- ¿A quién está dirigido este documento?

2.- ¿Quién lo envía?

3.- ¿De qué trata el memorándum?

4.- ¿Quiénes deben cumplir con la norma?

5.- ¿Cuál es la fecha del cierre contable?

6.- ¿Qué sucederá si los vendedores se atrasan o no envían las N/P el 25?

Selecciona los conceptos y palabras claves que aprendiste en este nivel y trabaja con el método: "Monísticamente hablando", es decir, créate mapas mentales.

Carta Comercial

Una **carta comercial** es un documento oficial de comunicación, pero a diferencia del memorándum, es entre empresas o entre una empresa y sus clientes. Normalmente debe llevar el membrete de la empresa (logo y/o los datos de contactos).

Ejercicio #1
Lee la siguiente carta

REGRESSIVE
P.O. Box 77374
Delaware, NY 13900

Regressive Home
Tel: 1-888-900-111
Fax: 1-999-800-222
Cambio de póliza para póliza número
737475866

Juan Javier Limo
456 Aries Ave. Apt. 23
Aurora, CO. 80002

Diciembre 7, 2017.
Estimado Juan Javier Limo,
Los siguientes cambios han sido hechos a su póliza de seguro y se hará efectivo el 1 de enero, 2018.
- Actualizado la póliza agregando un nombre de asegurado.

Cualquier ajuste a su balance premium o futuros cambios será reflejado en su próxima cuenta.
Una página de declaraciones refleja los cambios de la póliza y cualquier ajuste premium se ha adjuntado.
Si Ud. tiene cualquier pregunta relacionada a este cambio o a su póliza, por favor, contacte a nuestro Centro de Servicio al Cliente, cuando le sea conveniente. Por favor, llámenos al 1- 888-999-7777.

Sinceramente,
Departamento de Atención al Cliente
Regressive Home

Póliza número 737475866

Ejercicio #2

1.- ¿De dónde procede la carta?

2.- ¡A quién está dirigida la carta?

3.- ¿Cuál es el objetivo de la misiva?

4.- Si el cliente tiene preguntas ¿dónde debe dirigirse?

5.- ¿Cuándo debiera llamar?

6.- ¿Qué tipo de narrador se presenta?

7.- ¿Qué palabra refleja de mejor manera el tipo de escrito?
a) informal   b) amistoso   c) formal

La lectura es la gran proveedora de argumentos, la clave para que los demás te escuchen.
Jose Miguel Monzon (*Humorista español*).

Boleta de votación

Todo ciudadano americano tiene el deber de ejercer su derecho al voto. Desgraciadamente votar en los EE.UU. es una tarea bastante engorrosa, porque, normalmente, no se vota solo por un candidato sino que se ejerce el derecho al voto para proyectos de ley, pero si queremos ser ciudadanos responsables debemos informarnos en qué consisten estos proyectos de ley y entenderlos para poder votar en conciencia e informados. Muchas veces estamos bastante alejados de lo que se discute en la comunidad, cuáles son las propuestas de ley y de qué manera nos puede beneficiar o perjudicar. Es por tal razón, que junto con la boleta de votación cada votante recibirá por correo regular un folleto donde explica los proyectos que están en juego y un resumen de los comentarios a favor de la propuesta y un resumen de los comentarios en contra de la propuesta, para facilitarles la decisión. Aquí presento como ejemplo un proyecto de ley que nos llevó a **sufragar** en Denver, Colorado el año 2017.

Ejercicio #1

Lee el proyecto de ley en forma activa, es decir, analiza el proyecto remarcando o circulando las ideas que te parecen interesante o factibles por las cuales votar, lee cada uno de los comentarios entregados por ambas partes (los que están a favor y quienes están en contra). Remarca las propuestas que te parecen aceptables y, finalmente, contesta las preguntas.

INFORMACIÓN DE TABOR
Todo los votantes registrados:

Los avisos de más adelante contienen información respecto de los asuntos sometidos a votación según se requiere en la Sección 20 del Artículo X de la Constitución del Estado de Colorado, también conocido como Declaración de Derecho de los

Contribuyentes o TABOR. Cualquier asunto sometido a votación que afecta una deuda o impuesto se debe presentar de la forma que se indica a continuación.

Un voto por "sí" en cualquier asunto sometido a votación es un voto a favor de cambiar la ley actual o las circunstancias existentes, y un voto por "no" para cualquier asunto sometido a votación es un voto en contra de cambiar la ley actual o las circunstancias existentes.
La información contenida en este aviso fue preparada por personas a quienes la ley les exigen que presenten resúmenes de los asuntos sometidos a votación e información fiscal.CRS&1-7-905(1)

Preguntas de la boleta de votación de la ciudad y condado de Denver
Bono para instalaciones culturales de Denver
Pregunta Referida 2B

SE DEBERÁ AUMENTAR LA DEUDA DE LA CIUDAD Y CONDADO DE DENVER $116,907,000 CON UN COSTO MÁXIMO DE DEVOLUCIÓN DE $210,465,000 SIN AUMENTO EN LA TASA DE IMPUESTO VIGENTE DE LA CIUDAD PARA EL SERVICIO DE LA DEUDA DE OBLIGACIÓN GENERAL EN BASE A LA TASACIÓN PREVISTA DE LA CIUDAD, CUYOS INGRESOS SERÁN UTILIZADOS PARA REPARACIONES Y MEJORAS A LAS INSTALACIONES CULTURALES DE DENVER, LO QUE INCLUYE, ENTRE OTRAS COSAS:

- MEJORAS A LOS SISTEMAS Y EQUIPOS DE SEGURIDAD Y PROTECCIÓN EN EL COMPLEJO DE ARTES ESCÉNICAS DE DENVER, EL MUSEO DE NATURALEZA Y CIENCIA DE DENVER Y EL MUSEO DE ARTE DE DENVER,
- RENOVACIÓN, PRESERVACIÓN Y AMPLIACIÓN DEL EDIFICIO NORTE Y CENTRO DE BIENVENIDA DE 64 AÑOS DE ANTIGÜEDAD DEL MUSEO DE ARTE DE DENVER,
- CONSTRUIR UN NUEVO HOSPITAL PARA ANIMALES PARA MEJORAR LA ATENCIÓN A LOS ANIMALES Y REALIZAR MEJORAS PARA EL ESPACIO DE EXPOSICIÓN DE ANIMALES EN EL ZOOLÓGICO DE DENVER,
- AUMENTAR LAS OPORTUNIDADES DE EDUCACIÓN E INVESTIGACIÓN CIENTÍFICA MEDIANTE LA CONSTRUCCIÓN DE UN CENTRO PARA LA CIENCIA, EL ARTE Y LA EDUCACIÓN Y UN AREA DE EDUCACIÓN INFANTIL EN LOS JARDINES BOTÁNICOS DE DENVER,
- RESTAURACIÓN DE INFRAESTRUCTURA, INCLUSO REEMPLAZO DEL TECHO DEL ESCENARIO Y OTRAS REPARACIONES A LA INSTALACION EN EL ANFITEATRO RED ROCKS Y RENOVACIONES AL TEATRO BUELL, Y
- MEJORAS DE INSFRAESTRUCTURA CRUCIALES PARA AUMENTAR LA EFICIENCIA ENERGÉTICA Y AHORRAR COSTOS Y MEJORAR LA ACCESIBILIDAD EN EL MUSEO DE NATURALEZA Y CIENCIA DE DENVER, EL MUSEO DE ARTES ESCÉNICAS DE DENVER Y EL MUSEO DE ARTE DE DENVER.

A TRAVÉS DE LA EMISIÓN Y EL PAGO DE BONOS DE OBLIGACIÓN GENERAL, PAGARÉS,ACUERDO DE PRÉSTAMOS U OTRAS OBLIGACIONES FINANCIERAS DE MÚLTIPLES AÑOS FISCALES QUE SERÁN EMITIDAS O CONTRAÍDAS DE CIERTA MANERA Y CONTENIENDO CIERTOS TÉRMINOS, NO INCOMPATIBLES CON LA PRESENTE, SEGÚN LA CIUDAD PUEDE DETERMINAR (EL GASTO DE SUS INGRESOS SERÁ INFORMADO PÚBLICAMENTE POR LA CIUDAD CADA AÑO); Y SE DEBERÁN AUMENTAR LOS IMPUESTOS PREDIALES AD VALOREM DE LA CIUDAD POR NO MÁS DE UNA CANTIDAD ANUAL MÁXIMA PAULATINA DE $8,582,000 Y ANUALMENTE SIN LIMITACIÓN EN CUANTO A LA TASA, EN CANTIDADES SUFICIENTES PARA PAGAR EL CAPITAL, PRIMA, DE EXISTIR, E INTERÉS DE DICHAS OBLIGACIONES FINANCIERAS; Y SE DEBERÁ AUTORIZAR A LA CIUDAD A EMITIR OBLIGACIONES FINANCIERAS PARA REEMBOLSAR O REFINANCIAR DICHAS OBLIGACIONES FINANCIERAS AUTORIZADAS EN ESTA PREGUNTA, SIEMPRE QUE DICHAS OBLIGACIONES FINANCIERAS DE REEMBOLSO CUANDO SE COMBINAN CON OTRAS OBLIGACIONES FINANCIERAS PENDIENTES AUTORIZADAS EN ESTA PREGUNTA NO EXCEDAN LOS MÁXIMOS LÍMITES DE CAPITAL O COSTOS DE DEVOLUCIÓN AUTORIZADOS POR ESTA PREGUNTA; Y EN RELACIÓN CON ESTO, SE DEBERÁ AUTORIZAR A LA CIUDAD A RECAUDAR, RETENER Y GASTAR TODOS LOS IMPUESTOS PREDIALES DE ESTE TIPO, OTROS FONDOS DISPONIBLES LEGALMENTE Y LAS GANANCIAS DE INVERSIONES SOBRE LOS INGRESOS DE DICHAS OBLIGACIONES FINANCIERAS, IMPUESTOS PREDIALES Y OTROS FONDOS DISPONIBLES LEGALMENTE PARA DICHO PROPÓSITO, SEGÚN UN CAMBIO A LOS INGRESOS APROBADO POR LOS VOTANTES BAJO LA SECCIÓN 20 DEL ARTÍCULO X DE LA CONSTITUCIÓN DE COLORADO O CUALQUIER OTRA LEY?

Información Fiscal de la
Pregunta Referida 2B Bonos para instalaciones culturales de Denver.
El total de gastos estimado o real del año fiscal de la Ciudad para el año actual y cada uno de los cuatro años anteriores es el siguiente:

Año Fiscal	Gasto en el Año Fiscal
2017	$ 1,766,631,565 (estimado)
2016	$ 1,606,028,695
2015	$ 1,511,682,898
2014	$ 1,391,737,227
2013	$ 1,302,565,544

El aumento general, como porcentaje y monto en dólares, en el caso del año fiscal de la Ciudad de 2013 a 2017, inclusive, es 35.6% y $464,066,021, respectivamente. Información sobre impuestos asociados con la deuda afianzada propuesta:

La cantidad máxima anual en dólares introducidas del aumento de impuestos propuesto para el primer año fiscal completo: $8,582,000

La cantidad máxima anual en dólares del aumento de impuestos propuesto para el primer año fiscal completo (y todos los años subsiguientes):

$12,290,000

Gasto estimado del año fiscal 2018 de la Ciudad sin el aumento de impuesto propuesto:

$1,943,294,721

Información sobre la deuda afianzada propuesta:

Monto del capital: $116,907,000
Costo máximo annual de devolución $12,290,000
Total de costo de devolución $210,465,000

Información sobre la deuda afianzada de la Ciudad actual total:

Monto del capital: $661,775,500
Costo máximo anual de devolución $87,157,747
Total de costo de devolución $914,376,972

Resumen de los comentarios escritos A FAVOR DE la Pregunta Referida 2B

Las medidas sometidas a votación 2A a 2G le permiten a la ciudad usar bonos para llevar a cabo las repaciones y mejoras necesarias a la infraestructura de Denver. Estas medidas tratarán una lista especificada de más de 460 proyectos que fueron identificados a través de un proceso de aporte público de seis meses que incluyó a miles de residentes de Denver. Estas medidas no aumentarán sus tasas de impuestos. Los proyectos financiados por estos bonos le ahorrarán dólares a los contribuyentes a través de la reparación y mejora de la infraestructura de Denver antes de que se rompa.

La medida 2B será para hacer reparaciones y mejoras cruciales a los siguientes bienes pertenecientes a la ciudad: el Zoológico de Denver, el Museo de Ciencias y Naturaleza de Denver, el Museo de Arte de Denver, los Jardines Botánicos de Denver, el Centro de Denver para las Artes Escénicas y el Anfiteatro Red Rocks y Teatro Buell. Todas estas instituciones han funcionado en Denver por más de un siglo y estos proyectos garantizarán que sigan funcionando.

- Llevar a cabo mejoras en los Jardines Botánicos de Denver, incluidos el Centro para Ciencias, Arte y Educación, que ampliará los programas de investigación científica y aumentará las oportunidades de educación para niños y adultos.
- Reemplazar el hospital veterinario de 48 años en el Zoológico de Denver para garantizar el nivel más alto de atención para los más de 4,000 animales del zoológico. La medida 2B también proveerá fondos para mejoras necesarias en los recintos de los mamíferos marinos en el Zoológico de Denver.

- Renovar el Edifico Norte de 46 años de antigüedad del Museo de Arte de Denver para mejorar la seguridad, aumentar el acceso para los visitantes y personas con discapacidades y modernizar la infraestructura a través del reemplazo de sistemas de climatización (HVAC), ventanas y sistemas eléctricos. Una zona al aire libre, un centro de bienvenida y mejoras a la colectividad creando un espacio seguro para el descenso de los autobuses de lo niños de las escuelas.

- Completar reparaciones cruciales de infraestructura, mejoras a la seguridad y mejoras a la eficiencia energética en las instituciones culturales de Denver, incluido el reemplazo del antiguo techo del escenario en Red Rocks, mejorar el acceso a instalaciones del Centro de Denver para las Artes Escénicas y modernizar calderas y sistemas de climatización en el Museo de Ciencias y Naturaleza de Denver.

Muchos de estos proyectos también incorporarán asociaciones públicas y privadas, lo que significa que la ciudad aprovechará al máximo los recursos de los contribuyentes al trabajar con empresas privadas que aportarán fondos significativos.

La medida 2B de la boleta de votación es parte del plan de Denver para reparar y mejorar nuestra infraestructura. Al mes de mayo, la cartera de obras para reparaciones en la ciudad superaba los $700 millones.

Las medidas sometidas a votación 2A a 2G son el resultado de miles de comentarios de residentes que compartieron sus prioridades para proyectos: el mayor aporte publicado de cualquier propuesta de bonos en la historia de Denver. Esta propuesta de bonos dejará igual sus tasas de impuestos y ahorrará dólares a los contribuyentes a través de la reparación de nuestra infraestructura antes de que se rompa.

Resumen de los comentarios escritos EN CONTRA de la Pregunta Referida 2B

- El paquete de bonos es demasiado grande. Lleva al límite la capacidad de bonos de Denver durante muchos años, limitando opciones en caso de que surgiesen emergencias. Además, requiere del pago de interés por 20 años, haciendo que los costos de capital de $937 millones se disparen a $1,700 millones. Los votantes deberían rechazar cualquier propuesta que podría ser reducida, permitiéndole a la ciudad presentarle a los votantes una propuesta más prudente desde el punto de vista fiscal el próximo año.
- La cantidad de la capacidad de bonos está calculada sobre valores actuales altos de la propiedad. Si la economía se desploma y los valores de la propiedad caen, deberán elevarse las tasas del impuesto predial o recortarse los servicios de la ciudad para cumplir con los pagos de los bonos.

- Los contribuyentes del impuesto predial de la ciudad no deberían pagar algunos proyectos muy costosos incluidos en esta propuesta de bonos. En los siguientes ejemplos, RTD y Denver Health deberían pagar las cuentas.
- Denver Health and Hospitals no es más una agencia de la ciudad. Hace años que pasó a ser una "Autoridad" bajo ley estatal. Tiene su propia estructura de gobierno y su propia capacidad de bonos, que no se basa en impuestos prediales. Atiende una clientela regional. Si Denver Health desea construir una nueva instalación para pacientes ambulatorios, debería hacer uso de sus propios fondos ($75 millones, Propuesta 2C)
- Un corredor de transporte rápido para autobuses por el centro de la ya abarrotada Avenida Colfax debería ser un proyecto del Distrito de Transporte Regional (RTD), de construirse. El contribuyente del impuesto predial de Denver no es responsable de los proyectos para autobuses. El RDT lo es ($55 millones de la Propuesta 2A)
- Los proyectos en esta propuestas de bonos no están distribuidos equitativamente por toda la ciudad. A las porciones al sur de Denver lamentablemente se les ofrece menos. Juntos, los ciudadanos del sudoeste, sudeste y centro-sur de Denver (Distrito del Consejo 2,4,6 y 7) representan el 36% de la población de la ciudad, pero reciben solo el 11% del valor del proyecto de bonos.
- Tal vez no obtenga aquello por lo que votó. La ampliación del Boettcher Concert Hall. A pesar de que el dinero del aporte compensatorio requerido, nunca se recaudó y el proyecto nunca se construyó, la ciudad de todos modos emitió esos bonos. Basándose en una vacío legal, la ciudad redireccionó el dinero a una nueva lista de proyectos culturales sin acudir otras vez a los votantes para solicitar aprobación. Ese mismo vacío legal está incluido en este paquete de bonos.
- ¿Por qué no cobrar tarifas de impacto para los beneficiaros directos? El mantenimiento de las instalaciones para el arte debería estar incluido en presupuestos de operación y no en la deuda a largo plazo para inversores ricos que compran bonos que usted devuelve con los ingresos que tanto le cuesta ganar. El alza desmesurada de las facturas del impuesto predial será una carga para los hogares ya sobrecargados de impuestos, haciendo que los pagos mensuales de las viviendas sean incluso más altos. Las propiedades en renta costarán incluso más porque los arrendadores pasan los costos a las familias trabajadoras que se esfuerzan por llegar a fin de mes.

Los impuestos prediales lastiman a las personas con ingresos fijos sobre todo a los adultos mayores. Mientras los proyectos pueden ser financiados sin aumentar impuestos, los impuestos prediales podrían BAJAR si los votantes rechazan algunas o todas las propuestas. Sin saber la cantidad en dólares pagada por el propietario promedio o comercio por año (o en un período de 20 años) para financiar este enorme paquete de bonos, es difícil tomar una decisión informada. Se necesita total transparencia. Vote No a la 2B.

Ejercicio #2
Contesta las preguntas en base a lo leído

1.- Indica si la oración es verdadera o falsa:
"Un voto por **"sí"** significa que desea que se cambie la ley existente y un voto "**no**"significa que no desea cambiar la ley o las circunstancias existentes".

2.- ¿De qué trata este proyecto de ley?

3.- ¿De qué manera se llevará a cabo esta ley, es decir, cómo se financiará este proyecto, cómo se obtendrán los fondos?

4.- ¿Qué obras o lugares se verán beneficiados con esto? (detalle)

5.- ¿Cuáles son los argumentos que presenta la posición **"a favor"** para respaldar dicha posición?

6.- ¿Cuáles son los argumentos que presenta la posición **"en contra"** para respaldar dicha posición?

7.- En base a los argumentos y evidencias presentados ¿de qué maneras votarías? ¿Estás a favor o en contra de la propuesta y por qué?

Discurso

El discurso es un tipo de texto que verás en tu examen de GED. Está considerado entre el grupo de documentos llamado "Las Grandes Conversaciones Americanas" (The Great American Conversations). ¿Por qué es importante estudiar estos discursos? Porque ellos han sido expresados por grandes líderes de nuestro país, han dejado una huella indeleble en la ciudadanía y han cambiado el rumbo de esta nación. Uno de ellos fue el que pronunció Elizabeth Cady Stanton, quien luchó por más de 70 años por los derechos de la mujer, especialmente el derecho a voto, ya que tenía el convencimiento que si la mujer podía sufragar tendría el poder para hacer o cambiar muchas leyes que le eran adversas. El discurso principal de Elizabeth Cady Stanton en la **Convención de los Derechos de las Mujeres de Seneca Falls** en New York fue en primer paso organizado del movimiento por los derechos de las mujeres. En ella, exigió libertad y representación política para las féminas, incluido el derecho a la propiedad y el derecho al voto. **Fue entregado el 19 de julio de 1848** en el primer día de la primera reunión de convención de derechos de la mujer en Seneca Falls, NY. Al día siguiente, 68 mujeres y 32 hombres firmaron la **Declaración de Sentimientos** de Stanton que llamaba a la igualdad con los hombres ante la ley, en la educación y en el empleo. Labor que se concretó el 18 de agosto de 1920 con la ratificación de la 19ª Enmienda a la Constitución de los Estados Unidos que extendió los derechos de voto a nivel nacional sobre el género femenino.

Antes de pasar al discurso, un poco de historia con respecto a esta convención: En Waterloo, New York, el 13 de julio de 1848, una reunión social auspiciada por la activista Jane Hunt se convirtió en el catalizador del movimiento de los derechos de la mujer. Las invitadas de Jane Hunt fueron Lucretia Mott, Martha Wright, Mary Ann McClintock y Elizabeth Cady Stanton. Mientras las mujeres tomaban té, discutían los impedimentos impuestos a las mujeres – no tener derecho al voto, no poder ser dueñas de propiedad, tener pocas alternativas sociales e intelectuales – y decidieron que querían cambiar esto. Al final de la reunión, las cinco mujeres organizaron la primera convención sobre los derechos de la mujer en Seneca Falls, New York; y escribieron un anuncio en el periódico Seneca County Courier invitando a todas las mujeres. Seis días más tarde, el 19 de julio de 1848, muchas personas se reunieron en la capilla Wesleyan en Seneca Falls, New York. Estas personas participaron en un evento histórico de dos días que lanzó el movimiento de los derechos de la mujer, convirtiéndolo en una batalla nacional por la igualdad. Aunque a la convención solamente se esperaban mujeres, a los hombres no se les negó entrada. Como resultado, 42 hombres participaron en la asamblea de 300 miembros. James Mott, un defensor de los derechos de la mujer y esposo de una de las conferenciantes del día, Lucretia Mott, ayudó a dirigir el evento.

En ese primer día, además del discurso de Lucretia Mott, Elizabeth Cady Stanton leyó su **Declaración de Sentimientos,** escrita simbólicamente de la Declaración de la Independencia:

"Mantenemos que estas verdades son evidentes: que todos los hombres y mujeres son creados iguales; que están dotados por el Creador con ciertos derechos inalienables..."

En el segundo día de la convención, el 20 de julio, el abolicionista Frederick Douglass presentó un discurso poderoso que unió dos causas: abolir la esclavitud y luchar por los derechos de la mujer. En ese mismo día, la Convención también votó por la Declaración de Sentimientos. Sesenta y ocho mujeres y treinta y dos hombres firmaron el documento, certificando el inicio oficial del Movimiento de los Derechos de la Mujer.

Ejercicio #1

1.- ¿Cuál es la IP del texto?

2.- ¿Por qué es importante estudiar discursos?

3.- ¿Quién era Elizabeth Cady Stanton?

4.- ¿Qué trascendencia tuvo la Convención de los Derechos de las Mujeres de Seneca Falls en New York?

5.- ¿Por qué Elizabeth consideraba importante el derecho al voto para la mujer?

6.- ¿Considera Ud. que Cady Staton se equivocó en su apreciación con respecto al derecho al voto para la mujer?

7.- Además del derecho a voto, ¿qué exigían las mujeres?

8.- ¿Cuándo y en qué evento se cumplió el sueño de las mujeres?

9.- ¿Qué causas se unieron en esta asamblea?

10.- ¿A qué se refiere la oración: "Fue entregado el 19 de julio de 1848"?

Declaración de Sentimientos y Resoluciones de Seneca Falls

"Cuando, en el desarrollo de la historia, un sector de la humanidad se ve obligado a asumir una posición diferente de la que hasta entonces ha ocupado, pero justificada por las leyes de la naturaleza y del entorno que Dios le ha entregado, el respeto merecido por las opiniones humanas exige que se declaren las causas que impulsan hacia tal empresa.

Mantenemos que estas verdades son evidentes: que todos los hombres y mujeres son creados iguales; que están dotados por el Creador de ciertos derechos **inalienables**, entre los que figuran la vida, la libertad y el empeño de la felicidad; que para asegurar estos derechos son establecidos los gobiernos, cuyos justos poderes derivan del consentimiento de los gobernados. Siempre que una forma de gobierno atente contra esos fines, el derecho de los que sufren por ello consiste en negarle su lealtad y reclamar la formación de uno nuevo, cuyas bases se asienten en los principios mencionados y cuyos poderes se organicen de la manera que les parezca más adecuada para su seguridad y felicidad. La prudencia impondrá, ciertamente, que los gobiernos largamente establecidos no debieran ser sustituidos por motivos intrascendentes y pasajeros, y consecuentemente, la experiencia ha mostrado que el ser humano está más dispuesto a sufrir, cuando los males son soportables, que a corregirlos mediante la abolición de los sistemas de gobierno a los que está acostumbrado. No obstante, cuando una larga cadena de abusos y usurpaciones, que invariablemente persiguen el mismo objetivo, muestra la intención de someter a la humanidad a un despotismo absoluto, el deber de ésta consiste en derribar semejante gobierno y prepararse a defender su seguridad futura. Tal ha sido la paciente tolerancia de las mujeres respecto a este gobierno y tal es ahora la necesidad que las empuja a exigir la igualdad a que tienen derecho.

La historia de la humanidad es la historia de las repetidas vejaciones y usurpaciones perpetradas por el hombre contra la mujer, con el objetivo directo de establecer una tiranía absoluta sobre ella. Para demostrarlo vamos a presentarle estos hechos al ingenuo mundo.

Nunca le ha permitido que la mujer disfrute del derecho inalienable del voto.

La ha obligado a acatar leyes en cuya elaboración no ha tenido participación alguna.

Le ha negado derechos reconocidos a los hombres más ignorantes e inmorales, tanto americanos como extranjeros.

Habiéndola privado de este primer derecho como ciudadano, el del sufragio, y habiéndola dejado; por tanto, sin representación en las asambleas legislativas, la ha oprimido por todas partes.

Si está casada, la ha convertido civilmente muerta, ante los ojos de la ley.

La ha despojado de todo derecho de propiedad, incluso a los jornales que ella misma gana.

La ha convertido en un ser moralmente irresponsable, ya que, con la sola condición de que no sean cometidos ante el marido, puede perpetrar todo tipo de delitos. En el contrato de matrimonio se le exige obediencia al marido, convirtiéndose éste, a todos los efectos, en su amo, ya que la ley le reconoce el derecho de privarle de libertad y someterla a castigos.

Él ha dispuesto las leyes del divorcio de tal manera que no se tiene en cuenta la felicidad de la mujer, tanto a sus razones verdaderas y, en caso de separación, respecto a la designación de quién debe ejercer la custodia de los hijos, como en que la ley supone, en todos los casos, la supremacía del hombre y deja el poder en sus manos.

Después de haber despojado a las mujeres casadas de todos sus derechos, ha gravado a la soltera que posee fortuna con impuestos destinados a sostener un gobierno que no la reconoce más que cuando sus bienes pueden proporcionarle beneficios.

Ha **monopolizado** casi todos los empleos lucrativos y en aquéllos en los que se les permite acceder, las mujeres no reciben más que una remuneración **misérrima**. Le ha cerrado todos los caminos que conducen a la fortuna y a la distinción, porque los considera más honrosos para si mismo. Y a la mujer no se la admite como profesora de teología, medicina y leyes.

Le ha negado la oportunidad de recibir una educación completa, cerrándole el acceso a todas las universidades.

Solo le permite desempeñar funciones subordinadas tanto en la Iglesia como en el Estado, defendiendo la autoridad apostólica que la excluye del sacerdocio y, salvo contadas excepciones, de toda participación pública en asuntos de la Iglesia.

Ha creado un equivocado sentimiento público ofreciendo al mundo un código moral diferenciado para hombres y mujeres, según el cual los mismos delitos morales que excluyen a la mujer de la sociedad no solo son tolerados en el hombre, sino que además en ellos se consideran poco graves.

Ha usurpado las prerrogativas del propio Jehová pretendiendo que tiene derecho a asignar a la mujer su esfera de acción propia sin tener en cuenta que este derecho pertenece a su propia conciencia y a su Dios.

Él ha tratado por todos los medios posibles de destruir la confianza de las mujeres en sus propias capacidades, reduciendo su autoestima y conduciéndola a una vida dependiente y miserable.

Ahora, en vista de situación en que vive la mitad de la población a la cual se le niega el reconocimiento de sus derechos y se le somete a una degradación social y religiosa, en vista de las leyes injustas más arriba mencionadas y porque las mujeres se sienten vejadas, oprimidas y fraudulentamente desposeídas de sus derechos más sagrados, insistimos en que se les deben reconocer inmediatamente todos los derechos y privilegios que les pertenecen como ciudadanas de los Estados Unidos.

Al emprender la gran tarea que tenemos ante nosotras, vislumbramos no pocas interpretaciones erróneas, tergiversaciones y escarnios, para conseguir nuestro objetivo debemos utilizar todos los medios a nuestro alcance. Utilizaremos representantes, difundiremos folletos, presentaremos nuestras peticiones al Estado y a las legislaturas nacionales, y nos esforzaremos para conseguir que púlpitos y prensa estén de nuestro lado. Esperamos que a esta Convención le sigan otras convenciones en todo el país.

RESOLUCIONES:

CONSIDERANDO: Que está convenido que el gran **precepto** de la naturaleza consiste en que "el hombre ha de perseguir su verdadera felicidad". Blackstone [1] insiste en sus *Comentarios* que esta ley de la naturaleza, **coetánea** a la humanidad y dictada por el mismo Dios, es por supuesto superior a ninguna otra. Obliga en cualquier lugar del globo, en todos los países y en todos los tiempos; invalida a cualquier ley humana que la contradiga, y por ello constituye el origen mediano e inmediato de la autoridad y validez de todas ellas; en consecuencia:

DECIDIMOS: Que todas aquellas leyes que entorpezcan la verdadera y sustancial felicidad de la mujer, son contrarias al gran **precepto** de la naturaleza y no tienen validez, pues este precepto tiene **primacía** sobre cualquier otro.

DECIDIMOS: Que la mujer es igual al hombre, que así fue establecido por el Creador y que por el bien de la raza humana exige que sea reconocida como tal.

DECIDIMOS: Que las mujeres de este país deben ser **instruidas** en las leyes vigentes, que no deben aceptar su **degradación**, manifestándose satisfechas con situación o con su ignorancia y afirmando que gozan de todos los derechos a los cuales aspiran.

DECIDIMOS: Que puesto que el hombre pretende ser superior intelectualmente y admite que la mujer lo es moralmente, es **preeminente** deber suyo animarla a que hable y predique cuando tenga oportunidad en todas las reuniones religiosas.

DECIDIMOS: Que la misma proporción de virtud, delicadeza y refinamiento en el comportamiento que se exige a la mujer en la sociedad, sea exigido al hombre, y las mismas infracciones sean juzgadas con igual severidad, tanto en el hombre como en la mujer.

DECIDIMOS: Que la acusación de falta de delicadeza y de decoro de la que a menudo es acusada la mujer cuando se manifiesta públicamente, proviene sin gracia alguna de los mismos que con su presencia la animan a actuar en escenarios, conciertos y fiestas circenses.

DECIDIMOS: Que la mujer se ha mantenido satisfecha durante demasiado tiempo dentro de unos límites determinados que unas costumbres corrompidas y una tergiversada interpretación de las sagradas Escrituras han señalado para ella, y que ya es hora de que se mueva en el medio más amplio que el creador le ha asignado.

DECIDIMOS: Que es deber de las mujeres de este país asegurarse el sagrado derecho del voto.

DECIDIMOS: Que la igualdad de los derechos humanos es consecuencia del hecho de que toda la raza humana es idéntica en cuanto a capacidad y responsabilidad.

DECIDIMOS, POR TANTO: Que habiéndole asignado el Creador a la mujer las mismas aptitudes y el mismo sentido de responsabilidad que al hombre para que los ejercite, a ella le corresponden el derecho y el deber de promover las causas justas con medios también justos; y, especialmente en lo que se refiere a las grandes causas de la moral y la religión, le corresponde el derecho a enseñar, con él, a sus hermanos, tanto en público como en privado, por escrito y de viva voz, mediante todo el instrumento útil, y en toda asamblea que valga la pena celebrar; y, siendo esta una verdad derivada de los principios divinamente implantados en la naturaleza humana, cualquier hábito o autoridad, moderna o con venerable pretensión de antigüedad, que se oponga a ella, debe ser considerada como una evidente falsedad, contraria a la humanidad".

Nota [1] Referencia a "Commentaries on the Laws of England", de William Blackstone (1723-1780), el jurista inglés más influyente del siglo XVIII

(Fuente de información: Extracto de Wikipedia)

Ejercicio #2

1.- De acuerdo a la Declaración de Sentimientos ¿cuáles son las verdades evidentes?

2.- ¿Por qué la Sra. Staton no tolera este tipo de gobierno dirigido solo por hombres?

3.- Desde el punto de vista legal, ¿qué acusa Cody Staton?

4.- Al no tener la mujer representación en las asambleas legislativas, ¿qué consecuencias le han ocasionado?

5.- ¿Cuáles son las desventajas que tenía la mujer con respecto al matrimonio?

6.- ¿Cómo se encontraba la mujer en su situación laboral?

7.- ¿Tenía la mujer derecho a la educación?

8.- ¿Por qué Elizabeth hace mención a los códigos morales?

9.- Los siguientes pasos después de la convención, según Staton son:

10.- En síntesis, ¿qué dice la Declaración?

a) Que no acepta la validez de las leyes impuestas por los hombres

b) Que las mujeres también tienen derecho a la felicidad

c) Que la mujer es igual al hombre en cuanto a sus derechos

d) Que debe ser juzgada de la misma manera que un hombre

e) Todas las anteriores

11.- Señale una causa y un efecto encontrado dentro de la lectura.

Ejercicio #3
Vocabulario

Si no conoces alguna de las palabras presentadas abajo, sigue las técnicas de Fleming enseñadas en los videos, finalmente, si no puedes deducir su significado, recurre al diccionario y escribe la definición. Posteriormente, crea una oración utilizando dicha palabra para que no la olvides.

1.- Preeminente :
2.- Precepto:
3.- Primacía:
4.- Instruidas:
5.- Degradación:
6.-Coetánea:
7.- Monopolizado:
8.- Misérrima:
9.- Inalienables:

Cuando rezamos hablamos con Dios, pero cuando leemos es Dios quien habla con nosotros.
San Agustín (Obispo y Filósofo)

Lección 19: Recapitulación

Mira los videos de recapitulación, haz la autoevaluación de esta lección y toma el examen de práctica.

Si obtienes más de un 75% en tu examen de práctica, te felicito y ya estás list@ para hacer la cita y tomar tu primer examen "Razonamiento a través de las Artes del Lenguaje".

TIP

1.- Revisa los videos de orientación donde hablan de cómo prepararte los días antes del examen y el día del examen

2.- Repasa tus mapas mentales.

VI.- Autoevaluación

Contesta las siguientes preguntas

1.- ¿Qué significa *leer comprensivamente?*

2.- ¿Cuáles son los 7 Consejos a seguir para hacer de tu lectura una lectura productiva?

3.- ¿Cuáles son las típicas preguntas con que te encontrarás en la prueba del GED?

4.- ¿Cómo puedes encontrar la idea principal de un texto velozmente?

5.- ¿Cómo puedes identificar las ideas secundarias de un texto?

6.- ¿De qué manera puede estar organizado un texto?

7.- ¿Cómo puedes detectar que un texto esté organizado en orden cronológico?

8.- ¿Cómo sabes si el texto está organizado u ordenado según el procedimiento?

9.- ¿Qué significa que un texto está organizado según la importancia? (Da un ejemplo)

10.- ¿Cómo se detecta que un escrito está organizado de acuerdo a la posición u opinión del autor?

11.- ¿Qué elementos dentro de la lectura me permiten distinguir un hecho?

12.- ¿Qué muletillas debiera buscar para determinar la opinión del autor?

13.- ¿Qué significa comparar y contrastar?

14.- ¿Qué muletillas debiera buscar para encontrar una relación causa-efecto?

15.- ¿Qué elementos debiera buscar o qué preguntas debiera hacerme para inferir conclusiones?

16.- ¿Cómo se hace una lectura crítica?

17.- ¿Cuáles son las características de la poesía?

18.- ¿Cuáles son los tipos de rimas que puedo encontrar en un poema?

19.- ¿Cuáles son las figuras literarias más utilizadas en una poesía?

20.- ¿Cuáles son las características más importantes en una fábula y que difieren de otro tipo de género literario?

21.- ¿Cuáles son las características del teatro?

22.- ¿Qué diferencia la crítica literaria a otros escritos? ¿Cuáles son sus objetivos?

23.- ¿De qué manera puedo descubrir el significado de una palabra sin recurrir al diccionario?

VII.- *Lista de libros recomendados*

Esta es una lista de libros sugeridos para que leas al menos un libro por nivel. La mayoría son clásicos de la literatura, algunos los elegí porque te puedes sentir identificado o motivado y, los menos, simplemente porque encuentro que son buenos libros. No están presentados en ningún orden en especial y sí, probablemente se me quedaron muchos fuera.

Título	Autor
1.- Dr. Q.	Alfredo Quiñones Hinojosa
2.- El Dador	Lois Lowry
3.- Inés del Alma Mía	Isabel Allende
4.- La Casa en Mango Street	Sandra Cisneros
5.- La Metamorfosis	Franz Kafka
6.- La Mala Hora	Gabriel García Márquez
7.- Pantaleón y las Visitadoras	Mario Vargas Llosa
8.- Rumbo al Sur, Deseando el Norte	Ariel Dorfman
9.- Del Amor y otros Demonios	Gabriel García Márquez
10.- La Amortajada	María Luisa Bombal
11.- El Jorobado de Notre Dame	Victor Hugo
12.- El extraño caso del Dr. Jekyll y Mr. Hayde	R.L. Stevenson
13.- Cien años de Soledad	Gabriel García Márquez
14.- La Tregua	Mario Benedetti
15.- El Aleph	Jorge Luis Borges
16.- Historias de Cronopios y de Famas	Julio Cortázar
17.- Don Quijote de la Mancha	Miguel de Cervantes y S.
18.- Rayuela	Julio Cortázar
19.- El Diario de Ana Frank	Ana Frank
20.- La Ladrona de Libros	Markus Zusak
21.- 20 Poemas de Amor y una Canción Desesperada	Pablo Neruda
22.- Pedro Páramo	Juan Rulfo
23.- La Vida es Sueño	Pedro Calderón de la Barca
24.- El Túnel	Ernesto Sábato
25.- La Casa de los Espíritus	Isabel Allende
26.- El Amor en los Tiempos del Colera	Gabriel García Márquez
27.- Niebla	Miguel de Unamuno

28.-	Romancero Gitano	Federico García Lorca
29.-	1984	George Orwell
30.-	Rimas y Leyendas	Gustavo Adolfo Becquer
31.-	Yerma	Federico García Lorca
32.-	El Tiempo entre Costuras	María Dueñas
33.-	Ardiente Paciencia (El cartero)	Antonio Skármeta
34.-	Don Juan Tenorio	José Zorrilla
35.-	Lazarillo de Tormes	Anónimo
36.-	Fuente Ovejuna	Félix Lope de Vega
37.-	Marianela	Benito Pérez Galdos
38.-	Platero y Yo	Juan Ramón Jiménez
39.-	20,000 Leguas de Viaje Submarino	Julio Verne
40.-	Anna Karenina	Leon Tolstoi
41.-	Crimen y Castigo	Fiodor Dostoiesvki
42.-	Cumbres Borrascosas	Emily Bronte
43.-	Edipo Rey	Sófocles
44.-	El Conde de Montecristo	Alejandro Dumas
45.-	El Decamerón	Giovanni Boccaccio
46.-	El Hombre Invisible	H.G. Wells
47.-	El Mercader de Venecia	Williams Shakespeare
48.-	El Príncipe	Nicolás Maquiavelo
49.-	El Viejo y el Mar	Ernest Hemingway
50.-	Facundo	Domingo Faustino Sarmiento
51.-	Guerra y Paz	Leon Tolstoi
52.-	Hamlet	William Shakespeare
53.-	Jane Eyre	Charlotte Brontte
54.-	La Dama de las Camelias	Alejandro Dumas (hijo)
55.-	La Divina Comedia	Dante Alighieri
56.-	La Guerra de los Mundos	H.G. Wells
57.-	La Iliada	Homero
58.-	La Isla del Tesoro	R.L. Stevenson
59.-	La Odisea	Homero
60.-	Los Tres Mosqueteros	Alejandro Dumas
61.-	Los Viajes de Gulliver	Jonathan Swift
62.-	Macbeth	William Shakespeare
63.-	Martín Fierro	José Hernández

64.- Otelo	William Shakespeare
65.- Madame Bovary	Gustave Flauvert
66.- Romeo y Julieta	William Shakespeare
67.- Miguel Strogoff	Julio Verne
68.- Crónicas Marcianas	Ray Bradbury
69.- Como Agua para Chocolate	Laura Esquivel
70.- Cartas de amor y desamor	Gabriela Mistral
71.- Discursos de sobremesa	Nicanor Parra

Leer lo es todo.
La lectura me hace sentir que he logrado algo, he aprendido algo, que soy mejor persona.
Nora Ephron
(Guionista y directora de cine estadounidense)

VIII.- Para reforzar tu aprendizaje

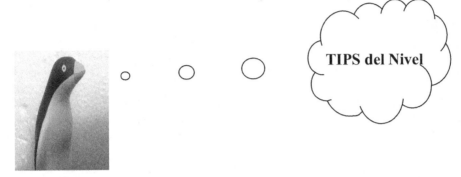

**Mira todos los videos tantas veces como los necesites.
Contesta todos los quizzes hasta obtener un 100%.
No te saltes ninguna lección.
Repasa las tarjetas relámpagos.
Haz todos los ejercicios del libro, incluyendo los juegos.
Resume lo aprendido a través del método "Monísticamente hablando" (mapas mentales).
Revisa y practica con las trivas, convos, etc. (un efectivo método de aprendizaje llamado "gamification" – basado en juegos-).
Lee los libros recomendados.**

Recuerda que tienes acceso 24/7 desde cualquier lugar del mundo y en cualquier dispositivo.

¡ *Pregunta, pregunta, pregunta y...*

practica, practica, practica!

IX.- Tu próximo desafío

Revisa todos los Mapas Mentales que has creado en este módulo y prepárate con ellos en los últimos días antes de dar tu examen de Razonamiento a través de las Artes el Lenguaje.

Toma la cita y ... como yo no creo en la suerte, diré:
¡ Buena Preparación !

X.- ¿Qué viene después?

El siguiente módulo: Estudios Sociales (Nivel 1) te enseña lo necesario para el segundo examen oficial de GED®: Estudios Sociales.

XI.- Páginas web de referencias

http://www.wordreference.com
En este link o enlace podrás encontrar definiciones de palabras, sinónimos y conjugación de verbos.
www.rae.es
Este es el link o enlace a la Real Academia Española, la organización que regula la manera en que escribimos.
http://www.como-se-escribe.com
Te indica la correcta escritura de una palabra

Para leer libros online
http://leerlibrosonline.net
https://espanol.free-ebooks.net/
http://www.portalplanetasedna.com.ar/digitales.htm
www.Quelibroleo.com
www.arapahoelibraries.com
Amazon.com

Videos motivacionales
Cómo aprender cosas difíciles
https://www.youtube.com/watch?v=zCTS9VIgc_I
La técnica de un minuto
https://www.youtube.com/watch?v=b5ojUxof0tY

XII.- Bibliografía

Diccionario Básico de la Lengua. GrupoAnaya. España, 1993.

Doyle Michael Scott, Fryer T. Bruce y Cere Ronald. Éxito Comercial. Prácticas Administrativas y contextos culturales. Editorial Thomson Heinle. Boston, MA. USA. 2001

McCord Wilson, Biología para principiantes. Editorial Era Naciente. Buenos Aires, Argentina. 2004

Popol-Vuh. Anónimo. Traducido por Miguel A. Asturias y J.M. González de Mendoza. Editorial Océano de México. SA, 1998.

Real Academia Española www.rae.es

¡Felicitaciones !

Ya has logrado leer muuuuchos párrafos y espero que hayas leído al menos un par de libros.

yupiiii

Mejor dicho cuackiii!

Te mereces tu cuarta patita

¡Nos vamos a tomar el examen de práctica del módulo!

XIII.- Otros libros escritos

Colección Preparación para el GED® de la Maestra Ximena
Los 7 Secretos para tener éxito en mi GED®
Los 7 Secretos para tener éxito en mi GED® - Formularios
Examen de Práctica para Gramática (Parte I y III)
Artes del Lenguaje – Nivel 1: Cómo crear y escribir un ensayo básico - Ejercicios
Artes del Lenguaje – Nivel 2: Reglas gramaticales - Ejercicios
Artes del Lenguaje – Nivel 3: Cómo leer y crear un ensayo argumentativo - Ejercicios
Artes del Lenguaje – Nivel 4: Comprensión de Lectura - Ejercicios
Tutoriales Tecnológicos – Ejercicios para dominar el teclado y la calculadora
Guía para el profesor de Artes del Lenguaje (Material didáctico para manejar las clases de GED®).

Material adicional para las clases de GED
350 videos
300 *quizzes*
Exámenes por nivel
Exámenes de práctica por módulo
Tarjetas relámpagos (*Flash cards*) para cada materia del GED (impresas y digitales)
Juegos didácticos digitales, canciones, rimas, palabras cruzadas, etc.
gedfacil.com foro privado en Facebook y en nuestra plataforma privada
gedfacil.tv (canal de Youtube) con videos de preguntas frecuentes, tips, recomendaciones de libros para leer, etc.

XIV.- Respuestas a los ejercicios

Lección 1

1.- Ejemplos
Ejercicio #1
La fiebre Diana/Cada uno de sus actos, cambios de vestido o peinado, eran objeto directo de la prensa y el público admiraba su calidez y humanidad.
Ejercicio #2
La continuidad de la dinastía familiar/ Guillermo, nació en 1982; y el segundo, Enrique, dos años más tarde.
Ejercicio #3
La muerte de Lady Diana fueron el centro de muchas teorías conspiratorias/ Tensiones con la casa real - El supuesto embarazo de un musulmán - Su rápido embalsamamiento - ninguna cámara de seguridad grabó el momento fatal.

2.- Contrastes
Ejercicio #1
Las políticas de Wikipedia/ Los artículos deben comenzar con una definición. No está obligada a recoger las expresiones coloquiales de un lugar. Sin embargo, dependiendo del contexto puede ser importante que se describa cómo se utilizada una palabra.- Wikipedia no es un diccionario o una guía de usos y jergas. Tampoco es de papel.
Ejercicio #2
La información de Wikipedia debe proceder de fuente fiable y verificable./Wikipedia no es para publicar tus pensamientos o análisis.
Ejercicio #3
Wikipedia debe compilar el conocimiento humano/ No para dar opiniones personales- Wikipedia contiene descripciones de personas, lugares y cosas, pero se deben omitir instrucciones, sugerencias o manuales. Debe informar de manera neutral; no es para defender ideas, hacer proselitismos, propaganda o publicidad. Informa, pero no enseña.-Wikipedia no es una bola de cristal.

3.- Redeclaración
Ejercicio #1
El real progreso de la IA/ Me llevé un chasco por culpa de la imagen de la robótica que nos ha inculcado la ciencia ficción.Los aparatos que tenían allí eran cacharros en manos de ingenieros en vaqueros, y parecían salidos de un garaje de frikis. Se averiaban a la menor ocasión. Me hablaron de Florence, una enfermera robot que iba a revolucionar la geriatría; de Xavier, un robot que sabía por dónde iba. Había leído muchas cosas sobre lo que hacían en Pittsburgh, toda una revolución. Acudí a la oficina de Hans Moravec, uno de los visionarios más famosos, pero todo lo que decía resultaba difícil de creer. Moravec estaba convencido de que en cincuenta años los androides desplazarían a los humanos. La evolución de las máquinas iba a ser imparable, dijo: "Ha llegado la hora de que nos marchemos".

Ejercicio #2
¿Una máquina llegará algún día a pensar como nosotros? /La trascendencia, que habrá máquinas con consciencia y cualidades mejoradas con respecto a la inteligencia humana en cuestión de treinta o cuarenta años no tiene sentido... Nunca he visto un argumento científico que lo apoye". - Aún no se vislumbran las máquinas que acabarán siendo conscientes de sí mismas para desencadenar la catástrofe.   A finales de los 80, Kurzweil aseguró que hacia 1998 un ordenador ganaría a un campeón mundial de ajedrez: ocurrió en 1996. En esos años, también imaginó que internet, por entonces una red relegada a instituciones académicas, se extendería por el mundo. Ahora afirma que en 2045 las computadoras serán mucho más potentes que todos los cerebros humanos de la Tierra juntos. López de Mantarás acota: "Pero detrás no hay nada científico".

Así, lo que habría quedado en el panorama actual es la especialización, máquinas que son extraordinarias jugando al ajedrez, pero que no saben nada de las damas o el parchís. "Las IA especializadas son un buen negocio. Es lo que es realmente la inteligencia artificial hoy en día", indica López de Mantarás.

Ejercicio #3
La investigación generalista en IA está desapareciendo/ En otras palabras, cuando el sistema escupe su respuesta, es incapaź de responder a esta pregunta: ¿y eso por qué? - En la película *Yo, robot* (Alex Proyas, 2004): las calles están plagadas de humanoides que llevan la compra, sirven copas, reparten perritos calientes... un ejército de especialistas.

4.- Conocimiento general
Ejercicio #1
1.- (d) 2.- Alguien que aprende por sí solo. 3.- (b) 4.- (b) 5.- (a)
Ejercicio #2
1.- (b); 2.- Respuesta puede variar (Que lo que tú quieras lo vas a lograr); 3.- Respuesta puede variar (Se asocia un concepto a un determinado estímulo); 4.- (f); 5.- Respuesta puede variar (De nosotros depende ser feliz o no, la decisión está en nuestras manos); 6.- (c)
Ejercicio #3
1.- (c); 2.- (a); 3.- (c); 4.- (b); 5.- (b); 6.- (c); 7.- (a); 8.- (a)
Contexto y Significado

Palabra	Significado	Palabra	Significado
Bilateral	dos lados	Politeísta	muchos dioses
Imposible	No puede ocurrir	Monólogo	Hablar uno solo
Insegura	No segura	Monosílabo	Una sola sílaba
Permeable	Que se traspasa	Monógamo	Un matrimonio
Impermeable	No traspasa	Sincronizar	Mismo tiempo

Seudónimo	Falso nombre	Reusar	Volver a usar
Malversación	Mal uso	Revelar	Volver a mostrar
Antiterrorismo	Contra el terrorismo	Revisar	Volver a ver
Cronológico	Ordenado por tiempo	Reverencia	respetar o venerar
Cronómetro	Medir el tiempo	Conmover	Mover sentimientos
Polígamo	Varios matrimonios	Remover	Volver a mover
Vitalidad	Fuerza/ vida	Vitalicio	De por vida
Inmovilizado	Detenido	Recargar	Volver a cargar
transfusión	Transferir o pasar sangre	transeúnte	quien pasa por un lugar
Reinvertir	Volver a invertir	Translúcido	que pasa la luz
Transmitir	pasar un mensaje	Impávido	sin movimiento/ sin expresión
Bilingüe	dos lenguas	Bipartidista	dos partidos
Polifacético	muchas caras	Omnipotente	que todo lo puede
Extraordinario	fuera de lo común	Omnisciente	que todo lo sabe
Dictatorial	totalitario, dominante	Otitis	inflamación al oído
Conjuntivitis	inflamación a los ojos	Faringitis	inflamación a la faringe

Ejercicio #3
1) directo; 2) rió; 3) esbeltas; 4) robusta; 5) pequeña; 6) económico;
7) intoxicados; 8) nervioso; 9) inquietos; 10) gritar.
Ejercicio #4
1) discutía; 2) mintió; 3) gritaba; 4) terquedad; 5) engullía;
6) insultado; 7) insoportable; 8) surcos; 9) aburrimiento; 10) decrépita.
Ejercicio #5
1) Viejo; 2) Exterminio; 3) Hambriento; 4) Registro; 5) Obligación
6) General; 7) Forma;   8) Vacunar; 9) Sobrepasar; 10) Previo

Lección 2
Ejercicio #1
1.- (c) Narrador en tercera persona 2.- (d) persuasivo 3.- Sí
Ejercicio #2
1.- (a); 2.- (b); 3.- No

Ejercicio #3

1.- (d); 2.- (a) 3.- Sí

Palabras clave

Ejercicio #1

a) Palabras claves: Inglaterra - 2 tipos de polillas (grises y negras) - depredadores - polución de las fábricas - liquen - cortezas se ennegrecen

b) Relaciones:

Polillas grisen - mimetizan - imperceptibles a depredadores = aumentan

Polución de las fábricas - liquen desaparece - smog se pega en la corteza - polillas negras se mimetizan, grises fácil de detectar - presa fácil para depredadores (disminuyen) y negras aumentan.

Ejercicio #2

a) Palabras claves:

Organismo genéticamente modificado (GMO). Biotecnologías. Genes. Precursor en genética: Gregor Mendel. Leyes de la herencia. Genética moderna. Cromosomas. Ecosistema.

b) Relaciones:

Mendel en el S.XIX cruzo plantas. Ahora, se han hecho cruzamientos para obtener plantas y animales con ciertas características.

OGM se refiere a organismos modificados mediante biotecnologías modernas. Técnicas introducen en los cromosomas de algunos seres vivos, genes de animales o plantas totalmente diferentes (Gen de la luciérnaga en vacas genera luz en terneros). Empresas crearon plantas resistentes a parásitos, hongos, enfermedades, herbicidas; otros OGM elaborados para crear una mejor calidad nutricional y en el sector de la salud, buscan vacunas. Desventajas: Genes instalados en las plantas tienden a diseminarse y contaminar otras variedades. Perturba el ecosistema. Introducción de genes en semillas para volverlas estériles.

Ejercicio #3

a) Palabras claves:

Apostadores compulsivos - desorden psiquiátrico - factores ambiental y genético. No aprenden de sus errores - Adicción dañina para la persona y su entorno. Repercusión familiar y laboral. Enfermedad progresiva - Depresiones - Propensos a otros vicios - Tratamiento.

b) Relaciones:

Apostar sin control. Enfermedad mental lleva a la adicción. Agresiva. Empieza como diversión hasta llenar sus vidas. Causa incremento en sus deudas. Recurren a cualquier recurso para obtener el dinero para jugar. En su trabajo el efecto es ausencias o atrasos, menor producción, endeudamiento con sus pares. Por endeudamiento pueden llegar a cometer delitos como fraudes, robos, asaltos, desfalcos, etc.

Relaciones familiares se deterioran. Discusiones con la pareja por deudas impagas y abusos en los niños. Hijos con baja autoestima y repercusiones en su rendimiento escolar. Depresiones lo lleva al uso de alcohol y drogas. Para manejarla se requiere de una institución de salud mental especializada.

Acrónimos

Ejercicio #1

a) 1.- Investigar sobre los tipos de animales domésticos que existen en nuestra área (y si no existen, averiguar si podemos traerlo legalmente desde su hábitat). 2.- Estudiar si es factible que se adapte a nosotros

3.- Determinar si estás listo para esa mascota y cuándo quieres adquirirla

b) Respuesta puede variar: IN-FA-DE (Investigar-Factibilidad-Determinar)

Ejercicio #2

a) 1.- Visualización de la imagen 2.- Interpretación del cerebro 3.- Recordar lo leído.

b) Acrónimo para el procedimiento

Respuesta puede variar: VIR

Resumen

Ejercicio #1 (Respuesta puede variar)

Ejercicio #2 (Respuesta puede variar)

Las preguntas primero

Ejercicio #1

a) Respuesta puede variar (Aparentemente alguien murió, pero nadie lo echó de menos) b) 3

Ejercicio #2

a) Respuesta puede variar (Una chica perdida o desorientada) b) 2

Ejercicio #3

a) Respuesta puede variar (En el funeral de su esposa apareció alguien que la conocía a darle el pésame) b) 3 c) Respuesta puede variar

Lección 3

Jeroglíficos

1) CONECTAR IDEAS 2) INFERIR 3) OPINIÓN O HECHO 4) POSICIÓN DEL AUTOR

Lección 4

Ejercicio #1

1.- Nuevas pruebas de la plasticidad del cerebro. 2.- explícita 3.- aprender a leer y escribir tiene increíbles efectos en la estructura de nuestro cerebro

4) Respuesta puede variar 5.- c 6.- a

Ejercicio #2

1.- Uso de los drones para combatir el terrorismo (por parte de la Fuerza Aérea de EUA). 2.- Respuesta puede variar. 3.- Respuesta puede variar. 4.- b 5.- a

Lección 5

Ejercicio #1:

a) La creatividad

b) La creatividad nos impulsa a desafiarnos. La creatividad nos ayuda a ampliar nuestros conocimientos. La creatividad nos empuja a cambiar nuestros hábitos de vida.

Ejercicio #2

a) Ventajas y desventajas de estudiar en línea.

b) ¿Cuál o cuáles son las IS que apoyan la IP del texto?

Las ventajas de estudiar "on-line" es: la comodidad, rentabilidad. inmediatez. clases personalizadas. Desde el punto de vista sicológico, se elimina la vergüenza o el miedo a preguntar las dudas

Desventaja: alumno trabaja en solitario por lo que se corre el riesgo que la motivación decaiga. Puede que no se sienta confortable con los foros o las discusiones en línea. Si el estudiante no tiene disciplina no funciona. Gran cantidad de horas en el computador puede traer problemas de salud. No existe ningún control por parte del facultativo. Se corre el riesgo que se sienta saturado de información. Aunque sea un curso "on-line", existen video-conferencias donde el estudiante deba asistir y suele suceder los problemas de tiempo por los husos horarios. Hay disciplinas que necesitan un apoyo práctico a la teoría que se está impartiendo "on-line".

c) Respuesta puede variar

Lección 6

Ejercicio #1:
Todas las horas
Ejercicio #2:
Comenzar/ Cuando /hasta aquí ha durado veinte años/ una noche tras otra/ a las tres de la mañana/
Ejercicio #3:
(...) esta lucha no es reciente/ S. IV a.C./ Edad Media/ la primera mitad del S.XVII/ 1673/ 1791/dos años antes/ Revolución Francesa/ Primera Ola / 1792 / Segunda Ola/ A finales del siglo XIX/ Convención de Seneca Falls (1848)/ Al iniciarse el siglo XX/ Antes de la Guerra de Secesión/ periódico La Voz de la Mujer (1896-1899)/ 1918/ 1928/ Decimonovena Enmienda de 1920 / postergarán unos 20 años/ tesis titulada *Sobre la condición jurídica de la madre* (1890)/ hos de las mujeres y, muy especialmente, de las madres. Elisa Leonida Zamfirescu, la primera mujer ingeniero del mundo se graduó en 1912. ceptarl/ Segunda Guerra Mundial/terminada la guerra/ La Tercera Ola comienza entre los años sesenta y setenta/ La última ola se inicia en los años 90 y se extiende hasta la actualidad.

Lección 7

Ejercicio #1
última hormiga/ Por un instante/Luego/después/ alrededor/ entonces/ Ahora/
Ejercicio #2
Primer paso/ Segundo paso/ Tercer paso/ Cuarto paso/ Quinto paso
Ejercicio #3
Ingredientes para el bizcocho
Ingredientes para la crema
Preparación del bizcocho
Hornear el bischozo
Preparación de la crema
Horneado final

Lección 8:

Ejercicio #1

Amarillo: KERBER PASA A OCTAVOS AL SUPERAR SIN PROBLEMAS A LA JAPONESA OZAKI

Miami (USA), 27 marzo 2017 (EFE). La tenista alemana Angelique Kerber, primera jugadora del mundo, se clasificó hoy para los cuartos de final del Premier Mandatory de Miami al superar a la japonesa Risa Ozaki por un doble 6-2.

Azul: La nipona, 87 de la WTA y que procede de la fase de calificación, no pudo hacer nada ante la tenista germana, que busca en Miami su primer título de este año, en el que solo ha llegado a semifinales en Dubai y en los dos grandes torneos del año hasta la fecha, Abierto de Australia y Indian Wells, no pasó de cuarta ronda Ante Ozaki, la alemana se mostró más agresiva y apenas necesitó 61 minutos para cerrar el partido, el más apacible que ha tenido este año en Miami.

Naranjo: Aun así, de los cuatro juegos que se anotó la japonesa en todo el partido, dos fueron roturas de servicio a la tenista de Bremen que, sin embargo, no vio inquietarse por el resultado(...)

Ejercicio #2

Amarillo: DESTINO PARA GRANDES ANIVERSARIOS. En 2017, Canadá celebra su 150 aniversario y Finlandia el centenario de su independencia. Portugal festeja el primer siglo de la aparición de la Virgen de Fátima. Alemania celebra "El año de Lutero", coincidiendo con el 500 aniversario de la Reforma.

Azul: Alemania se ha volcado en el 500 aniversario de la protesta del monje agustino Martín Lutero (1483-1546) contra las injusticias de la Iglesia de Roma y su gesto de clavar sus 95 tesis en la puerta de la iglesia del palacio de Wittenberg, el 31 de octubre de 1517.

NaranjoY Alemania lo festejará como nunca.

Azul: El país más grande de América y el segundo del mundo, Canadá, celebra sus 150 años como nación, con una fecha muy especial en su calendario, 1 de julio, Día de Canadá, que año a año festejan, desde que se creó la ley firmada por los británicos para la creación de la Confederación de Canadá, **Naranjo** pero que en esta ocasión alcanza mayor realce, realizando fiestas por doquier.

Azul: Los finlandeses presumen de respirar uno de los aires más limpios del mundo, de sus miles de lagos y bosques, de sus 39 parques, de la posibilidad de admirar la aurora boreal aproximadamente 200 noches al año en la región de Laponia, de ser la cuna de Papá Noel, de ser el país de la sauna y de ser gente hospitalaria y entrañable.

Naranjo: Helsinki, su capital, una apacible ciudad costera, cuenta con más de 330 islas y ya está preparada para recibir a miles de turistas.

Azul: Portugal es otro de los países que vivirá con entusiasmo un esperado centenario: el de las apariciones de Nuestra Señora de Fátima.

Naranjo: La visita del Papa Francisco será el punto álgido. El pontífice llegará a Fátima el 13 de mayo, fecha de la primera aparición hace un siglo de la Virgen de Fátima a tres niños pastores portugueses - Lucía, Jacinta y Francisco-, que se repitió en los meses siguientes hasta el 13 de octubre del mismo año. La Virgen les hizo

varias revelaciones. En la primera vaticinaba la muerte prematura de Jacinta y Francisco. La segunda se refería al final de la Primera Guerra Mundial y al estallido de la Segunda y predecía la conversión de Rusia y el fin del comunismo. La tercera fue desvelada en el 2000 y, según el Vaticano, se refería al atentado que sufrió el Papa Juan Pablo II en 1981 y a la lucha del comunismo ateo contra la Iglesia.
Ejercicio #3
Amarillo: El libro está dividido en capítulos de información y capítulos de práctica.
Azul: En los capítulos de información se explican cuestiones relativas a los aspectos prácticos de la guitarra, tales como, el modo de afinarla, la elección del instrumento adecuado o su cuidado. Los capítulos de práctica aportan la información que usted necesita para tocar la guitarra.
Naranjo: Cada capítulo contiene ejercicios que le permiten practicar la habilidad tratada en su contenido. Al final de cada capítulo práctico encontrará una lista de canciones que puede tocar y que requieren la aplicación de las técnicas explicadas de este capítulo.

Lección 9
Ejercicio #1
Este es, pues/ Se le debería ofrecer la oportunidad de hacerlo./ Es durante este período cuando puede /incluso hasta/ Esto también se le debería ofrecer/ Y la cosa no queda ahí/Más aún,/
Análisis del texto
a) La necesidad de aprendizaje del nino. b)Que el cerebro del nino aprende entre los 1 a 5 anos muy facilmente y rapidamente
c) Es durante este período cuando puede aprender a leer un idioma extranjero/ Cada niño que se cría en una casa bilingüe aprende dos idiomas antes de los seis años.
Ejercicio #2
a) Comparar los mejores smartphone de 2017
b) A los 3 aparatos le encuentra sus ventajas
c) 1) Simplemente es un teléfono genial, / es un contendiente serio para ser considerado como el mejor teléfono de 2016./se ha tenido en cuenta todo lo que sus "fans" desean / convirtiendo al nuevo Galaxy S7 es un terminal inmejorable.2) la marca surcoreana con sus extraordinarias phablets/ no te faltará de nada para obtener la máxima calidad de imagen/ La batería es otro aspecto donde no se ha escatimado 3) tenemos a los incombustibles iPhone el gran rendimiento que nos tiene acostumbrado/ una calidad exquisita
Ejercicio #3
a) El cuestionamiento si el genio nace o se hace
b) Que se puede nacer con talentos, pero si no es descubierto por un adulto que le ayude a desarrollarlo, no florecera
c) Es cierto que muchos nacieron con un CI superior al resto de los mortales, pero si no se les hubiera incentivado no habrían progresado. Ese empuje de los padres, maestros, tutores y/o científicos permitió su avance. Tal vez los genios nacen con ese don, pero si el talento no es promovido nada sucederá.
d) Respuesta puede variar

Lección 10
Ejercicio #1

Ayer, aproximadamente a las 4 de la mañana, la policía se presentó en la Avenida Colfax frente al número 35645, debido a una llamada anónima recibida a las 3:47 AM/ El reporte policial señala que en la casa no se encontró a ningún residente ni rastros que indiquen que alguien mora en aquel lugar. /testigos contaron que los gritos se vienen escuchando desde hace varios meses/ la casa está deshabitada /La policía ha confirmado que los servicios básicos están desconectados desde hace seis meses

Ejercicio #2

Las playas de Constitución tienen la característica de tener olas de aguas tremendamente heladas, altas y peligrosas. /Aquella mañana bajamos temprano a la playa/A medida que preparaba su tabla de "surfing", empezaron a llegar los turistas/ me dispuse a leer una novela policiaca./el sol comenzaba a calentar /desperté/ las arenas negras y brillantes se habían convertido en un gentío de cuerpos bronceados y niños jugando/ se escucharon gritos/ La gente comenzó a levantarse y con ellos los comentarios/ vi a los surfistas muy adentro/ hay bandera roja/ me enderecé/ Seguí parada mirando el mar. les pregunté por Alfredo, una voz chillona me dijo con desgano: "Ni idea". Caminé hacia el puesto de refrescos/ el sol pegaba fuerte/ ambos se pararon, tomaron sus tablas y se dirigieron al mar. Permanecí ahí hasta que el sol desapareció.

Ejercicio #3

Rigoberto se sentaba en la última fila, Mélany lo escuchaba murmurar durante toda la clase./ Si ella intervenía en la clase, él bajaba la cara y susurraba cosas como:mentirosa, cállate, de qué hablas. En otras ocasiones le hacía musarañas por detrás o le gritaba sobrenombres, pero siempre sin mirarla./ Solo azuzaba al resto de sus compañeros. Los ponía a todos en contra de ella. Cuando cumplía con su propósito, se sentaba tranquilo y en silencio./ Muchos años después, recordando esos flechazos que venían a su mente...

1.- Mélany se había convertido en el foco de todos los agravios de Rigoberto durante los años de "High School"
2.- Respuesta puede variar

Lección 11
Ejercicio #1

Probablemente,/ pero quizás/ o lo que es más improbable/ ¿Qué te parecería/ pero, a lo mejor / Estaba pensando/ se dice/ Tal vez

Ejercicio #2

Se especula/ Mi opinión/ mi afirmación/ Quiero decir/ ¿por qué no habrán/ ¿por qué no podrán existir/ Pero no me refiero/ Yo creo/ Pienso que solo es cuestión de tiempo para encontrar vida extraterrestre.

Ejercicio #3

donde todavía piensan/ A mi parecer,/ tal vez/ Bajo mi punto de vista,/ a mi modo de ver/ Probablemente/ Pensemos una última cosa

Lección 12

Ejercicio #1 y Ejercicio #2
Ventajas (Comparaciones)
La smartTV se conecta a la internet de la casa sea esta alámbrica o inalámbrica (wired or wireless). /el nuevo modelo contiene un tablero con diferentes aplicaciones de contenido que antes solo se podía acceder en un computador o un tablet./ contenido en línea con definición 4K/Los gadgets/widget son más sencillo y práctico. Las smartTV vienen con sistemas operativos que admite utilizar tarjetas de memoria, USB y cámaras.Algunas televisoras tienen aplicaciones para repetir el programa y permite elegir la cámara según el ángulo en que quiera ver. / se puede usar como reproductor de contenido en línea y de música con una bastante buena calidad del sonido./ Se puede realizar video-llamadas con un gran número de personas.
Desventajas (Contrastaciones)
Contenido con esta definición (4K) es difícil encontrar/ muchas aplicaciones se lanzan prematuramente al mercado para ganarle a la competencia y se lanzan con fallas./no todas las aplicaciones se pueden descargar en todos los modelos/ Está la polémica que las smartTV atentan contra la privacidad del usuario al recaudar información a través del reconocimiento de voz y de software preinstalados para monitorear las voces que se encuentran cerca del televisor/ la navegación que es más complicado que el manejo de un tablet. Es difícil manipular las búsquedas y es poco intuitiva./ Se requiere al menos 10 MB/ control remoto consume bastante energía/ Precio entre 800 y 1700 dólares, pero para que la experiencia sea realmente buena, considere gastar en un equipo de sonido envolvente (surround sound), lo que encarecerá la adquisición del producto.

Lección 13

Ejercicio #1
1.- El cuerpo se "duerma" 2.- Presiona el nervio - no circula sangre - se corta la comunicación con el cerebro 3.- Ya no hay presión, resurge la sangre y el cuerpo vuelve a funcionar porque el cerebro recibe mensaje. 4.- Porque los primeros nervios en despertar son aquellos que controlan la temperatura y el dolor. 5.- Las neuronas motoras son capaces de comunicarse con el cerebro.
Ejercicio #2
1.- Habían seis grandes potencias, quienes querían obtener el poder en Europa y Africa, gobernar a otras naciones; querían formar grandes imperios, por lo que había gran rivalidad entre ellos.
2.- Al ver la carrera armamentista de sus rivales, para protegerse de sus enemigos formaron alianzas.
3.- El Imperio austro-húngaro le declara la guerra a Serbia.
4.- Por las alianzas.
Ejercicio #3 (C/E)
1.- mueve los remos hacia atrás/bote avanza.
2.- agua hierve /vapor.
3.- negras nubes/comienza a llover.

4.- agua al congelarse/ sale en cubos.
5.- semilla se planta/aparece una planta.
6.- arrugas/plancha
7.- (se quema el aceite- causa no presente)/humo negro.
8.- consumido mi comida/ bano.
9.- Cariño a mi gatita/ ronronea.

Lección 14
Ejercicio #1
Su hermano Tito era quien lo vigilaba y escuchaba sus llamadas.
Ejercicio #2
No hay nadie más vivo
Ejercicio #3
La policía los encontró
Ejercicio #4
El huemul de igual forma se extinguió, el país no pudo protegerlo.

Lección 15
Ejercicio #1
1.- El I Congreso de Tecnologías Emergentes
2.- Dar a conocer los últimos avances en cuanto a las tecnologías disruptivas aplicadas a la industria que conforman lo que se llama el ecosistema 4.0
3.- ruptura brusca, cambio determinante
4.- Respuesta puede variar
5.- Extracto de https://industria40blog.com/congreso-tecnologias-emergentes-industria-4-0/ Industria 4.0 Blog de noticias y tendencias
6.- Pequeñas y medianas empresas creadas para generar autoempleo y crear empleo hasta un máximo de 10 empleados (generalmente familiares)/ Proyectos de emprendimiento enfocados especialmente en el área de internet o relacionados con tecnologías de la información y la comunicación (TIC).
7.- b   8.- Dar a conocer el evento
Ejercicio #2
1.- El anuncio de la colaboración integral en investigación en el campo de la computación cuántica de dos grandes empresas:Grupo Volkswagen y Google
2.- Las dos compañías explorarán juntas el uso de los ordenadores cuánticos, con el objetivo de acumular conocimiento especializado y llevar a cabo investigaciones orientadas a la práctica
3.- Los ordenadores cuánticos pueden resolers tareas altamente complejas de forma considerablemente más rápida que los súper ordenadores convencionales.
4.- Los especialistas buscan continuar el desarrollo en la optimización del tráfico, explorar estructuras para nuevos materiales, especialmente baterías de alto rendimiento para vehículos eléctricos, y trabajar en inteligencia artificial con nuevos procesos de aprendizaje automatizado.
5.- Porque Volkswagen tiene un enorme conocimiento a la hora de resolver problemas de ingeniería importantes y aplicables a la vida real. 6.- En el primer

proyecto, los especialistas de Volkswagen están trabajando en un mejor desarrollo de la optimización del tráfico. Están trabajando a partir del proyecto de investigación que ya completaron con éxito, y ahora quieren considerar variables adicionales además de reducir los tiempos de viaje. Ello incluye sistemas de guía de tráfico urbano, estaciones de carga eléctrica disponibles o plazas libres de estacionamiento. 7.- Investigacion y desarrollo. 8.- Porque son una condición indispensable para la conducción autónoma. 9.- Un optimizador de flujo de tráfico para 10.000 taxis en Beijing(China). 10.- *Volkswagen Media.* 11.- Respuesta puede variar

Ejercicio #3

1.- Un documental realizado por Leonardo Di Caprio y el National Geographic (2017), sobre el cambio climático, llamado "Antes del Diluvio"
2.- Porque ha sido nombrado Embajador de la Paz para el cambio climático en las NU. 3.- No, no es imparcial. Toma partido para salvar el planeta. 4.- Sí. 5.- Ambos. 6.- Respuesta puede variar (Porque estudió sobre el cambio climático y vio todas las atrocidades que está haciendo el ser humano con el planeta). 7.- Respuesta puede variar (A que aprendamos que el cambio climático es un problema que debemos enfrentar). 8.- Respuesta puede variar (Que el cambio climático es una realidad, que existe y que ya está ocasionando graves problemas en todo el planeta, pero los líderes mundiales hacen muy poco o nada para ayudar a solucionarlo.). 9.- Republicanos. 10.- Respuesta puede variar (Porque económicamente no les conviene, porque la mayoría está involucrado en las grandes empresas petroleras o generadoras de combustibles fósiles culpables de este desastre ecológico). 11.- Respuesta puede variar (Que el cambio climático existe y no es una mentira como muchos políticos y medios de comunicación han tratado de divulgar y nos han hecho creer.). 12.- Respuesta puede variar (Hay estudios serios y entrevistas a científicos y centros de investigación).
13.- Respuesta puede variar (Colocare solo el inicio de algunas:
-Philip Levine, Alcalde de Miami Beach dice...
- Rubio dice...
- Dice el político Ted Cruz (republicano)...
-Dr. Michael Mann cuenta que el 97% de los científicos climáticos aceptan
- El 18 de diciembre del 2009 en el Wall Street Journal, el periodista...
- A raíz de estas declaraciones, el Dr. Mann recibió amenazas...
- (...) todo ese odio era financiado por unos cuantos intereses económicos, como los hermanos Koch e industrias como Exxon Mobil, Chevron, Bp, Valero, Shell" y agrega que los hermanos Koch financian...
- China sobrepasó a los EEUU como la contaminadora número uno en el mundo. Si la gente tiene acceso a los datos se le da poder y el apoyo popular ayuda al crecimiento ecológico. Como resultado el gobierno chino cambió su plan por energía renovable (eólica y solar)".
-En la India dicen: Hay grandes inundaciones. Hemos hecho un daño increíble, hemos arruinado el sistema marino, un lugar que solía estar lleno de peces, revirtiendo medio millón de años de evolución.

-Indonesia es uno de los países más corrupto, las industrias sobornan al gobierno para que les dé permiso para quemar los bosques...

-Elon Musk dice que la industria de combustible fósil tiene más dinero y más poder en todo el mundo y el hecho científico es que vamos directo a crear daño. Mientras más pronto actuemos menos daño habrá.

- John Kerry (demócrata) afirma que lo importante es que los líderes de las economías más grandes del mundo y con mayores índices de contaminación como lo son EEUU (Obama) y China (Xi Jinping) están de acuerdo

- Johan Rockstrom, profesor de ciencia ambiental de la Universidad de Estocolmo, plantea que estamos llegando al límite de lo que este planeta puede soportar...

-En la Cumbre de París se aprobó el acuerdo por unanimidad, 195 países están de acuerdo, diciendo que harán todo lo que está en su poder para cambiar.

- Obama dice que no es solo un asunto ambiental, sino que también un asunto de seguridad nacional porque hay mucha gente que vive cerca de los océanos y si en la Antártica se están derritiendo los hielos hará que aumenten los océanos unos 6 metros, lo que será catastrófico.

- El astronauta Piers Seller (UK) ha hecho una simulación del planeta y dice: "Los polos se derriten, hay sequía, el nivel de los océanos aumenta...

14.- Respuesta puede varia

15.- Respuesta puede variar

16.- "Si quieres hacer algo que no involucre al gobierno, puedes empezar por cambiar tu dieta" dice Gidon Eshel (PH D): "La principal deforestación de todos los bosques tropicales es por la carne y la carne es uno de los recursos más ineficientes en el planeta. En EEUU el 47% de la tierra es usado para producir alimentos y de eso el 70% es utilizado para cultivar alimento para ganado. Las cosas que realmente comemos como fruta, vegetales, nueces es solo un 1% (...)".

Di Caprio dice: "Tras 21 años de debates y conferencias es hora de declarar no más charlas, no más excusas, no más 10 años de estudios, y a no permitir a las compañías de combustibles fósiles manipular y dictar las ciencias y políticas que afectan nuestro futuro (...) Lo que podemos hacer es controlar lo que haremos después: cómo vivir nuestra vida, lo que consumimos, cómo nos involucramos y cómo usar nuestro voto para asegurar que nuestros líderes sepan que sabemos la verdad acerca del cambio climático.

17.- Respuesta puede variar   18.- Respuesta puede variar
19.- Respuesta puede variar   20.- Respuesta puede variar

Lección 16

Ejercicio #1

1.- Respuesta puede variar. 2.- No. 3.- tierra humilde/ y la tierra ha de hacerse suavidades de cuna al recibir tu cuerpo/ 4.- No.

5.- Rima consonante: pusieron-supieron/soleada-almohada/una-cuna/dormido-dolorido/rosas-hermosas/luna-ninguna/presos-huesos.

6.- (a) 7.- Sacar a su amado del nicho donde fue enterrado y ponerlo en la tierra para dormir con él. Luego lo enterrará profundamente para que ninguna mujer se lo

quite. 8.- Porque estará enterrado tan profundamente que nadie se atreverá a ir a buscarlo.
Ejercicio #2
1.- Se apagaron los faroles y se encendieron los grillos/ los árboles han crecido/ y un horizonte de perros/ Ni nardos ni caracolas tienen el cutis tan fino/ ni los cristales con luna relumbran con ese brillo/ Aquella noche corrí el mejor de los caminos, montado en potra de nácar sin bridas y sin estribos./ Con el aire se batían las espadas de los lirios.
2.- Sí: como ramos de jacintos/como peces sorprendidos/Como un gitano legítimo.
3.- Se apagaron los faroles/ y se encendieron los grillos/y se me abrieron de pronto/ Con el aire se batían las espadas de los lirios/
4.- Y que yo me la llevé al río / ladra muy lejos del río/ cuando la llevaba al río.
5.-Rima asonante: marido/ compromiso/ grillos/ dormidos/ jacintos/ oído/ cuchillos/ crecido/ espinos/ limo/ vestido/ corpiños/ fino/ brillo/ sorprendidos/ frío/ caminos/ estribos/ dijo/ comedido/ río/ lirios/ legítimo/ pajizo/ marido/ río.
6.- (a). 7.- Respuesta puede variar (agradecido/ sin rencor/ caballero)
Ejercicio #3
1.- Y para el cruel que me arranca el corazón con que vivo,
2.- en junio como en enero 3.- No. 4.- Cultivo una rosa blanca
5.- Rima asonante : blanca- franca- arranca/ enero- sincero
     Rima consonante: vivo-cultivo
6.- (d) 7.- Respuesta puede variar (no hay ánimo de venganza)
Ejercicio #4
1.- salvaje y aguerrido, cuya fornida maza blandiera el brazo de Hércules o el brazo de Sansón/ Por casco sus cabellos, su pecho por coraza 2.- No.
3.- Le vio la luz del día, le vio la tarde pálida, le vio la noche fría/ La aurora dijo: «Basta».
4.- Anduvo, anduvo, anduvo. Le vio la luz del día, le vio la tarde pálida, le vio la noche fría/ «¡El Toqui, el Toqui!»
5.- Rima consonante: raza- maza/ coraza-caza/ campeón-Sansón/ región-león/ día - fría / titán-Caupolicán/ casta- Basta
6.- (d) 7.- Como un héroe, un hombre fuerte
8.- Que caminó todo el día con el tronco a cuesta
Ejercicio #5
1.- Todo el poema es una metáfora
2.- como la puerta de un túnel desconocido
3.- nombre corren navíos de madera
rodeados por enjambres de fuego azul marino,
y esas letras son el agua de un río
que desemboca en mi corazón calcinado.
Oh! nombre descubierto bajo una enredadera
como la puerta de un túnel desconocido
que comunica con la fragancia del mundo
Oh! invádeme con tu boca abrasadora,

indágame, si quieres, con tus ojos nocturnos,
pero en tu nombre déjame navegar y dormir
4.- No. 5.- Rima consonante ;vino-marino/ madera- enredadera. Rima asonante:
mundo-nocturnos. Rima libre: el resto   6.- (d)
7.- Respuesta puede variar (Que la persona que lleva ese nombre -quien lo
representa' - es silenciosa y secreta, pero oculta le permite relacionarse con las
cosas agradables.
8.- Respuesta puede variar (Quiere que lo bese y que le permita amarla y descansar
a su lado)

Lección 17
Ejercicio #1
Respuesta puede variar (Que hay que trabajar y ser precavido: Ser precavido paga
dividendos)
Ejercicio #2
Respuesta puede variar (No hay que confiar en el enemigo)
Ejercicio #3
Respuesta puede variar (Si no te esfuerzas, nada vas a lograr)

Lección 18
Ejercicio #1
1.- Historia del Teatro 2.- Los hitos historicos 3.- (d)
4.- Del mismo modo que el teatro comenzó a orientarse hacia el realismo en el
retrato del mundo exterior, los estudios en el campo de la psicología, pioneros
durante el siglo XIX, llevaron a un interés por las motivaciones psicológicas de los
personajes.
5.- Las obras de los fundadores del teatro moderno (el dramaturgo noruego Henrik
Ibsen y el autor teatral sueco August Strindberg) tratan problemas sociales como
enfermedades, ineficacia del matrimonio, los derechos de las mujeres y el estudio del
individuo, haciendo al teatro más introspectivo. El autor irlandés George Bernard
Shaw se enfocó en lo social más que en lo sicológico.
6.- (a)
7.- Wagner sustituyó los palcos y plateas y puso en su lugar una zona de asientos
en forma de abanico sobre un suelo en pendiente, dando así igual visión del
escenario a todos los espectadores. Un poco antes de empezar la función, las luces
del auditorio reducían su intensidad hasta la oscuridad total, una innovación radical
para la época.
8.- **El naturalismo** (que ve la herencia y el entorno como la raíz de todas las
acciones humanas).
9.- El romanticismo dio lugar a una amplia literatura y producción dramática que
condujo al desarrollo del **melodrama** (siglo XIX). El melodrama como literatura es
ignorado o ridiculizado por los cultos, porque aporta imágenes de villanos y heroínas
muy marcados, con efectos escénicos espectaculares e interpretación efectista es la
base del radioteatro y la televisión.

10.- La gran variedad de personajes en las obras de Lope convertidos en arquetipo, tales como: el caballero, el bobo, el capitán, el gracioso, el Belardo, (figura que muchos analistas consideran un álter ego del autor)

11.- La Reforma Protestante puso fin al teatro religioso (S.XVI), y un nuevo y dinámico teatro profano ocupó su lugar, lo que los historiadores llamaron "**Teatro del renacimiento**".

12.- Con la expansión de la República de Roma en el siglo IV A.C., se absorbieron territorios griegos y con ellos, el teatro y la arquitectura teatral griega.

13.- Que en el siglo II D.C., la Iglesia Cristiana atacó el teatro romano porque consideraba a los actores libertinos y porque los mimos satirizaban a los cristianos, sin embargo, el teatro resurgió 500 años más tarde, dentro de la misma iglesia Católica Romana en forma de drama litúrgico, adoptó festivales de carácter pagano y popular, los mismos elementos que le criticaba anteriormente, pero esta vez sabiendo que era una forma de atraer feligreses.

14.- Respuesta puede variar (Similitudes: En la Grecia Antigua se hacían representaciones mitológica o una manifestación religiosa en honor a sus dioses. En la época medieval, también la Iglesia Católica Romana lo utilizó como un medio de venerar a Dios y sus santos a través del drama litúrgico.

El teatro ha ido cambiando producto de los hechos históricos que se han ido produciendo a través de los años. / Diferencias:En el SXVI con la Reforma Protestante cambia su carácter religioso convirtiéndolo en un evento laico. En el teatro clásico había decorado mínimo y se utilizaba el coro que representaba el pueblo. El teatro se usaba como una forma de adoctrinar al pueblo. En el teatro clásico se buscaba la forma de exaltar los valores de los héroes como la valentía, la fortaleza, la honestidad. En la época moderna se enfocaba más en los problemas sicológicos de los personajes y los problemas de la sociedad. En la era actual se utiliza mucho más vestuario, escenografía y tecnología. Existe una mayor variedad de teatro.

Ejercicio #2

Respuesta puede variar (Hitos más relevantes del desarrollo teatral:

El teatro se inició en la Grecia Antigua (entre los siglos V y VI a.C.) Período **clásico** (civilizaciones antiguas de Grecia y Roma).

Con la expansión de la República de Roma en el siglo IV A.C., se absorbieron territorios griego

El teatro romano no se desarrolló hasta el siglo III A.C.,

A finales del siglo II D.C., el teatro entró en decadencia y fue sustituido por otros espectáculos.

Con la caída del Imperio Romano (476 D.C.), el teatro clásico decayó en Occidente. Solo los artistas populares, conocidos como juglares y trovadores en el mundo medieval, sobrevivieron

Resurgió 500 años más tarde

el teatro en forma de drama litúrgico renació en Europa en el seno de la Iglesia Católica Romana (el llamado **teatro medieval**).

Una obra de las tres Marías y los ángeles en la tumba de Cristo se consideró el origen del **drama litúrgico (**925 D.C.). Este estilo   se desarrolló en los doscientos años siguientes

En el siglo XIV, el teatro, especialmente en la fiesta del Corpus Christi, eran producidos por toda una comunidad cada cuatro o cinco años.

En Inglaterra y en España las puestas en escena eran carrozas que se movían de una parte a otra de la ciudad.

En Francia se empleaban escenarios simultáneos. Durante este período, surgieron obras folclóricas, farsas y dramas pastorales —siempre de autores anónimos— y varios tipos de entretenimientos populares.

Todo esto influyó en el desarrollo de los **autos** durante el siglo XV. trataba episodios alegóricos, y estaban representados por profesionales como los trovadores y juglares.

Reforma Protestante puso fin al teatro religioso (S.XVI), y un nuevo y dinámico teatro profano ocupó su lugar, lo que los historiadores llamaron "**Teatro del renacimiento**" (**neoclasicismo**).

Commedia dell'arte, un teatro popular y vibrante basado en la improvisación. A partir de varias formas populares del siglo XVI,

Entre 1550 y 1650 el teatro de títeres turco hasta las obras de Shakespeare y Molière.

 La fuerte influencia italiana en Francia llevó a popularizar representaciones parecidas al intermezzo, que fueron denominados ballets.

 Después de la muerte de Molière (1673), su compañía teatral fue fusionada por orden de Luis XIV con otras de París. De esta fusión surgió en 1680 la **Comédie-Française**,

 Los teatros de bulevar y feria tomaron gran auge a lo largo de esta época.

El teatro renacentista inglés se desarrolló durante el reinado de Isabel I a finales del siglo XVI.

Se escribían tragedias académicas de carácter neoclásico que se representaban en las universidades. El estilo de interpretación en los principios del teatro isabelino era exagerado y heroico pero, ya en tiempos de Shakespeare, los actores tendieron a estilos más naturales

A la muerte de la reina Isabel, el teatro, como reflejo del clima político y social cambiante, se volvió más oscuro y siniestro, mientras que la comedia se tornó más cínica.

En 1642 estalló la guerra civil y el Parlamento, bajo el control de los puritanos, cerró los teatros hasta 1660.

Restauración de la monarquía, se permitió la entrada sobre el escenario a las mujeres por primera vez desde la Edad Media. En las obras se perdió el respeto a las normas neoclásicas. Las comedias eran de costumbres ingeniosas, sofisticadas y con clara carga sexual.

El **Siglo de Oro Español** fue representado por su máximo dramaturgo: Lope de Vega.

A lo largo del siglo XVIII ciertas ideas filosóficas fueron tomando forma y a principios del siglo XIX, se convirtió en un movimiento llamado **romanticismo**.

Alrededor de 1820, el romanticismo dominaba el teatro en la mayor parte de Europa. Hernaní (1830) de Victor Hugo es considerada la primera obra romántica francesa. El teatro romántico español buscó la inspiración en los temas medievales y presenta a un héroe dominado por las pasiones. Su figura representativa es José Zorrilla (Don Juan Tenorio).

El melodrama, el género dramático más arraigado en el siglo XIX.

A lo largo del primer cuarto del siglo XIX, tanto el melodrama como el romanticismo se centraban en hechos históricos o extraordinarios, idealizando al personaje.

En 1930 en Inglaterra, esto dio un vuelco, se enfocaron en cuestiones domésticas y temas más serios.

El énfasis pasó del espectáculo y la emoción a la recreación de lo cotidiano.

La idea del escenario de caja se puso de moda. Accesorios y mobiliario tridimensional vinieron a reemplazar las representaciones pintadas anteriores. Los actores interpretaban como si estuvieran en realidad en el lugar, ignorando en apariencia la presencia del público. Se desarrollaron nuevas actitudes, los intérpretes creaban acciones realistas, apropiadas para el personaje y la situación. Se fue prestando más atención al vestuario y al decorado.

A mediados del siglo XIX el interés por el detalle realista, las motivaciones psicológicas de los personajes, la preocupación por los problemas sociales, condujo al **naturalismo en el teatro,** influenciados por las teorías de Charles Darwin,

En el siglo XVIII y parte del XIX, el director era a menudo el actor principal. La creciente dependencia de las cuestiones técnicas nace el director.

Los estudios en el campo de la psicología, pioneros durante el siglo XIX, llevaron a un interés por las motivaciones psicológicas de los personajes. Las figuras más relevantes de este estilo eran el dramaturgo noruego Henrik Ibsen y el autor teatral sueco August Strindberg, considerados los fundadores del **teatro moderno**.

El teatro ruso empezó a desarrollarse en las **postrimerías** del siglo XVIII.

El **naturalismo** se impuso a finales del S.XIX con las obras de Tolstói, Gorki y Antón Chéjov. Stanislavski, un director que se hizo a sí mismo, fundó en 1898 el **Teatro del Arte de Moscú** con Vladimir Nemiróvich-Dánchenko para la producción de teatro realista.

A finales del siglo XIX, apareció una corriente antirrealista (la **vanguardia).**

Wagner reforma la arquitectura teatral. El primero en adoptar las ideas de Wagner fue el **movimiento simbolista en Francia** en la década de 1880.

Las obras simbolistas del belga Maurice Maeterlinck y el francés Paul Claudel, muy conocidas entre la última década del S.XIX y principios del XX,

La influencia también se ve en los estadounidenses Eugene O'Neill y Tennessee Williams y el inglés Harold Pinter, impulsor del **"teatro del silencio"**.

En 1896 un teatro simbolista de París produjo la obra de Alfred Jarry: Ubu rey, una obra desconcertante y provocadora para su tiempo.

Nace el teatro del absurdo de la década de 1950.

El **movimiento expresionista** se desarrolló durante las dos primeras décadas del siglo XX.
S. XXI:gran gama de teatro
Teatro clásico
Ejercicio #1
1.- Los orígenes del teatro.
2.- En la Grecia Antigua
3.- La palabra **teatro** viene del griego y significa "lugar para contemplar".
4.- (b)
5.- Orquesta, danzas, recitados, piezas musicales, coros, con relatos de eventos cívicos , religiosos, mitos o leyendas referidos a héroes y dioses de los que se narran hazañas espectaculares donde el pueblo crea símbolos culturales. Los vestuarios (túnicas) de diferentes colores y cada color representaba un sentimiento o la importancia del personaje. Se utilizaban máscaras y zancos.
6.- (c)
7.- Porque los problemas, la moralidad y las acciones eran lo más importante.
8.- Como propaganda, concientización cívica o como una forma de adoctrinar.
Ejercicio #3
1.- 5 actos
2.- Edipo, rey de Tebas; Yocasta, reina; el Sumo Sacerdote de Júpiter; Hyparco, antiguo ayo de Edipo; Forbas, anciano de Tebas; un mensajero de Corinto; dos niñas: hijas de Edipo; coro, pueblo, guardias, esclavas.
3.- El Sumo Sacerdote, Coro, Pueblo.
4.- Sumo Sacerdote, Edipo, Coro, Pueblo.
5.- (d)
6.- Le pide al dios que los escuche y le ruegan que no se vengue
7.- En Tebas (Grecia)
8.- Respuesta puede variar (Edipo estaba angustiado, pero al escuchar al Sumo Sacerdote que los dioses no se vengarán se siente aliviado y esperanzado de que la suerte va a cambiar)
Teatro del Absurdo
Ejercicio #2
1.- En orden cronológico
2.- Una mujer joven, bonita, elegante, con problemas siquiátricos e instintos criminales.
3.- Que son personas totalmente opuestas
4.- Respuesta puede variar. (Que no hay comunicación entre la pareja, tampoco existe interés ni respeto entre ellos, se nota desgano y aburrimiento).
Crítica Literaria
Ejercicio #2
1.- Primera persona
2.- *Que es una novela valiosa por su veracidad y porque fue escrito para la esposa del Gobernador del estado. Lo recomienda.*

3.- Respuesta puede variar. (Cuatro chicas inmigrantes mexicanas, tres de ellas han sido traídas a los Estados Unidos por sus padres cuando aún no tenían 9 años/ la periodista les hizo un seguimiento por varios años, cubriendo toda la etapa de escuela y universidad de las chicas/ manifestaciones masivas por una ley migratoria/ el asesinato de un policía ejemplar a manos de un hispano indocumentado/víctimas inocentes de un sistema que no ha sido capaz de resolver el estatus migratorio/la falta de voluntad de los políticos por resolver un problema/etc.)

4.-Que está de acuerdo con la realidad que describe la autora de la novela y que es vastamente conocida por todos los inmigrantes. y por eso la novela es valiosa.

5.- Respuesta puede variar (que se burla de la falta de voluntad de los políticos citando irónicamente esta frase muy conocida entre los hispanos)

6.- Del latín, (status quo para el inglés, statu quo para el español) significa un estados que no cambia, un estado actual.

Ciencia Ficción

Ejercicio #2

1.- Pensar en la posibilidad de algo, suponer, pero que no es real

*2.-*a) Robot: Máquina electrónica programable que puede realizar movimientos automáticos, precisos y acelerados.Viene del término checo robota que significa trabajo

b) Androide: Autómata de figura humana

c) Cyborgs : Del término cyber y organism, un sistema hombre-máquina

3.- De forma humana

4.- Respuesta puede variar

Ejercicio #3

1.- Primera persona

2.- Que una vez que haya alcanzado la velocidad, ¿cómo haría para frenar? Piensa que cuando llegue a una parada todo volará en mil pedazos.

3.- Utopía Respuesta puede variar (un sueño, algo inalcanzable)

4.- Pensó que el tubo había cedido a la presión del agua, se había roto y estaba entrando agua de mar.

5.- Despertando de su sueño

Memorándum

Ejercicio #2

1.- A la Gerencia de Marketing

2.- El Departamento Contable

3.- Del Cierre contable para liquidación de comisiones

4.- Los vendedores de la Zona Norte

5.- el día 26.

6.- Las N/P se liquidarán al siguiente mes.

Carta Comercial

Ejercicio #2

1.- Regressive Home

2.- Al cliente Juan Javier Limo en Aurora, CO. 80002

3.- Informar de un cambio hecho a la póliza de seguro del cliente donde se la agrega un nombre de asegurado.

4.- Al Centro de Servicio al Cliente de la empresa, llamando al 1- 888-999-7777.

5.- Cuando le sea conveniente   6.- Tercera persona   7.- (c)

Boleta de votación

Ejercicio #2

1.- Verdadera. 2.- Buscar financiamiento para reparar y mejorar las instalaciones culturales de Denver. 3.- Se aumentara la deuda de la ciudad y condado de Denver a través de la emisión y el pago de bonos de obligación general, pagarés, acuerdo de préstamos u otras obligaciones financieras y se deberán aumentar los impuestos prediales ad valorem de la ciudad por no más de una cantidad anual máxima paulatina

4.- El Complejo de Artes Escénicas de Denver, el Museo de Naturaleza y Ciencia de Denver y el Museo de Arte de Denver. Construir un nuevo hospital para animales en el Zoológico de Denver. Construcción de un Centro para la Ciencia, el Arte y la Educación y un area de educación infantil en los Jardines Botánicos de Denver. Restauración del Anfiteatro Red Rocks y renovaciones al Teatro Buell. Mejoras de insfraestructura en el Museo de Naturaleza y Ciencia de Denver, el Museo de Artes Escénicas de Denver.

5,6,7.- Respuesta puede variar

Discurso

Ejercicio #1

1.- Explica sobre los discursos, en especial, aquellos incluidos en "The Great American Conversation" y la importancia de ellos.

2.- Porque ellos han sido expresados por grandes líderes de nuestro país, han dejado una huella indeleble en la ciudadanía y han cambiado el rumbo de esta nación

3.- Una activista que luchó por más de 70 años por los derechos de la mujer, especialmente el derecho a voto,

4.- El discurso principal de Elizabeth Cady Stanton en la Convención de los Derechos de las Mujeres de Seneca Falls en New York fue en primer paso organizado del movimiento por los derechos de las mujeres.

5.- Porque tenía el convencimiento que si la mujer podía sufragar tendría el poder para hacer o cambiar muchas leyes que le eran adversas.

6.- Respuesta puede variar

7.- Se exigió libertad y representación política, incluido el derecho a la propiedad, la igualdad con los hombres ante la ley en la educación y en el empleo.

8.- El 18 de agosto de 1920 con la ratificación de la 19ª Enmienda a la Constitución de los Estados Unidos que extendió los derechos de voto a nivel nacional sobre el género femenino.

9.- La causa de abolir la esclavitud

10.- Al discurso de Elizabeth Cady Stanton en la Convención de los Derechos de las Mujeres de Seneca Falls

Ejercicio #2

1.- Que todos los hombres y mujeres son creados iguales; que están dotados por el Creador de ciertos derechos inalienables, entre los que figuran la vida, la libertad y el empeño de la felicidad.

2.- Dice que: "La historia de la humanidad es la historia de las repetidas vejaciones y usurpaciones perpetradas por el hombre contra la mujer, con el objetivo directo de establecer una tiranía absoluta sobre ella".

3.- Que el hombre nunca le ha permitido a la mujer que disfrute del derecho inalienable del voto. La ha obligado a acatar leyes en cuya elaboración no ha tenido participación alguna. Le ha negado derechos reconocidos a los hombres más ignorantes e inmorales, tanto americanos como extranjeros. Habiéndola privado de este primer derecho como ciudadano, el del sufragio, y habiéndola dejado; por tanto, sin representación en las asambleas legislativas, la ha oprimido por todas partes.

4.- La ha obligado a acatar leyes en cuya elaboración no ha tenido participación alguna.

5.- La ha convertido civilmente muerta, ante los ojos de la ley. La ha despojado de todo derecho de propiedad, incluso a los jornales que ella misma gana. La ha convertido en un ser moralmente irresponsable, ya que, con la sola condición de que no sean cometidos ante el marido, puede perpetrar todo tipo de delitos. En el contrato de matrimonio se le exige obediencia al marido, convirtiéndose éste, a todos los efectos, en su amo, ya que la ley le reconoce el derecho de privarle de libertad y someterla a castigos. Él ha dispuesto las leyes del divorcio de tal manera que no se tiene en cuenta la felicidad de la mujer, tanto a sus razones verdaderas y, en caso de separación, respecto a la designación de quién debe ejercer la custodia de los hijos, como en que la ley supone, en todos los casos, la supremacía del hombre y deja el poder en sus manos.

6.- Ha monopolizado casi todos los empleos lucrativos y en aquéllos en los que se les permite acceder, las mujeres no reciben más que una remuneración misérrima. Le ha cerrado todos los caminos que conducen a la fortuna y a la distinción, porque los considera más honrosos para si mismo. Y a la mujer no se la admite como profesora de teología, medicina y leyes. Solo le permite desempeñar funciones subordinadas tanto en la Iglesia como en el Estado, excluyéndolas del sacerdocio y de participación pública en asuntos de la Iglesia.

7.- No. Le ha negado la oportunidad de recibir una educación completa, cerrándole el acceso a todas las universidades.

8.- Porque el hombre ha creado un código moral diferenciado para hombres y mujeres, según el cual los mismos delitos morales que excluyen a la mujer de la sociedad no solo son tolerados en el hombre, sino que además en ellos se consideran poco graves.

9.- Utilizar representantes, difundir folletos, presentar las peticiones al Estado y a las legislaturas nacionales, y conseguir que púlpitos y prensa estén de su lado con la esperanza que vengan otras convenciones.

10.- E

11.- Respuesta puede variar (Una larga cadena de abusos y usurpaciones, lleva a un despotismo absoluto/ Ante el despotismo, el deber de la humanidad es derribar ese gobierno/ Durante la historia, el hombre a repetido vejaciones y usurpaciones contra la mujer para establecer una tiranía absoluta/ la necesidad las empuja a exigir la igualdad/ Al privarla del sufragio la ha dejado sin representación legislativas/ Al no tener representación en las asambleas legislativas, la ha oprimido/ Al casarse se le exige obediencia al marido/ El marido puede privarla de libertad y someterla a castigos/ las leyes injustas hacen que las mujeres se sienten vejadas, oprimidas y fraudulentamente desposeídas de sus derechos más sagrados/

Nota: Donde dice "Respuesta puede variar" quiere decir que se deja a criterio del estudiante para que le dé una libre interpretación; en otros casos se le pide la opinión. La información entre paréntesis indica una respuesta sugerida.

Para adquirir los libros, visita Amazon o nuestra web:
www.gedfacil.com
www.amazon.com/author/XimenaThurman

Para contactarnos por licencias de las clases:
P.O.Box 472974. Aurora, Colorado 80047 (USA)
AntarticAcademy@gmail.com
info@gedfacil.com
1-720-982-0428

Antártica Academy ᵀᴹ, WWW.GEDFACIL.COM ᵀᴹ
y los logos son marcas registradas.
Todos los derechos reservados.

Textos y metodología
Ximena Thurman
Artista Visual
Carolina Cornejo

Prohibida la reproducción total o parcial de los videos, libros, textos, audios, imágenes y/o material digital por cualquier medio sin el consentimiento por escrito de los autores.
Denver, Colorado. USA

BONO

POR EL SOLO HECHO DE ADQUIRIR ESTE LIBRO TE HACEMOS UN DESCUENTO DE UN 50% EN EL NIVEL 4 DEL MÓDULO DE GRAMÁTICA.

INGRESA A LA WEB WWW.GEDFACIL.COM REGÍSTRATE PARA TOMAR EL NIVEL 4 DEL MÓDULO DE GRAMÁTICA, DIGITA EL SIGUIENTE CÓDIGO: BG42AMA-18 Y EL CURSO LO OBTENDRÁS A MITAD DE PRECIO.

¡ FELICITACIONES !

...y nos vemos en el siguiente Módulo:
Estudios Sociales

35365985R00159

Made in the USA
Middletown, DE
05 February 2019